世界经典家教系列丛书

走进孩子心灵的捷径

——蒙台梭利育儿全书

田学超　何　灿　编

中国社会出版社
国家一级出版社·全国百佳图书出版单位

图书在版编目（CIP）数据

走进孩子心灵的捷径：蒙台梭利育儿全书 / 田学超，
何灿编．—北京：中国社会出版社，2016.12
（世界经典家教系列丛书）
ISBN 978-7-5087-5543-4

Ⅰ.①走…　Ⅱ.①田…　②何…　Ⅲ.①家庭教育
Ⅳ.①G78

中国版本图书馆 CIP 数据核字（2017）第 014969 号

书　　名：走进孩子心灵的捷径——蒙台梭利育儿全书
编　　者：田学超　何　灿

出 版 人：浦善新
终 审 人：胡晓明
责任编辑：牟　洁　　　　**责任校对：**陈　蔚

出版发行：中国社会出版社　邮政编码：100032
通联方法：北京市西城区二龙路甲 33 号
电　　话：编辑室：（010）58124838
邮购部：（010）58124848
销售部：（010）58124845
传　真：（010）58124856
网　　址：www. shcbs. com. cn
shcbs. mca. gov. cn
经　　销：各地新华书店

中国社会出版社天猫旗舰店

印刷装订：中国电影出版社印刷厂
开　　本：170×240mm　1/16
印　　张：14.25
字　　数：200 千字
版　　次：2017 年 5 月第 1 版
印　　次：2017 年 5 月第 1 次印刷
定　　价：45.00 元

中国社会出版社微信公众号

前　言

家庭教育、学校教育、社会教育是一个人成长和成才所需经历的三大教育。在这三大教育中，家庭教育尤为重要。如果把一个人的成长和成才比作一棵树，那么，家庭教育就是树根，学校教育就是树干，社会教育就是树冠。家庭教育不光是学校教育和社会教育的根基，也是它们的支撑和保障。

家庭是孩子的第一所学校，也是他的终身学校；父母是孩子的第一任教师，也是他的终身教师。

如何教育好自己的孩子，这是当今父母所遇到的第一个难题。

今天，不管是70后、80后还是90后，作为父母，我们遇上了历史上从来没有过的一段特殊的时期：科学技术的迅猛发展、传统观念的断层裂变、贫富差异的日益分化、互联网的深入影响、快节奏的生活方式、多元化的社交网络、信息爆炸的碎片化、人口迁移的多样性、教育资源的差异化……从计划经济时代到市场经济时代，从独生子女一代到放开二胎……无不深深影响着我们每一个家长对孩子的教育，关系孩子未来一生的成长。

今天，家庭教育已面临着前所未有的挑战，比历史的任何时期，都更受家长的关注和重视。

没有教育不好的孩子，只有不懂教育孩子的父母。不同的父母，不同的家庭教育环境，不同的教育方法和理念，教育出来的孩子截然不同。

懂教育的父母，可以成就孩子的一生；而不懂教育的父母，则可能毁了孩子的一生。

家庭教育成败的关键不是孩子而是父母，所以教育孩子应从父母抓起。

基于此，为了让新生代父母能真正成为孩子的第一位老师，完全掌握好的教育方法和理念，我们特从浩如烟海的世界家庭教育经典名著中精心编选了这套“世界经典家教系列丛书”。这套书精心遴选了经过岁月的洗礼和时间的考验，结合前人的经验和后人的印证，已被后世所公认的家教经典：《学会与孩子对话——查斯特菲尔德给儿子的忠告》《培养天才的传世秘籍——卡尔·威特的教育》《打开孩子的财富之门——洛克菲勒教子书》《和孩子一起找到学习的乐趣——斯宾塞的快乐教育》《孩子也是父母最好的老师——斯托夫人自然教子书》《扮演好你在孩子眼中的角色——罗斯福教子书》《家庭是孩子最好的学校——约翰·洛克的家庭教育》《发掘孩子身上的巨大潜能——哈佛名人教子书》《走进孩子心灵的捷径——蒙台梭利育儿全书》《富过三代的秘密——摩根家族教子书》。

这套家教经典读物，揭开了孩子成长发展的奥秘，堪称改变和影响了全世界孩子成长的教育《圣经》。

这是一套值得每位父母收藏的家教经典，涵盖了孩子在成长和成才过程中的各个方面：健康的体魄、健全的人格、高尚的品性、良好的学习方法、完美的人际交往、个性的独立、能力的提升、财富的获取、情感的经营，以及日后婚姻、家庭、生活、事业等方方面面。

一套十本，每本书分别着重从不同的角度和方面来阐述对孩子的教育。这里的每本书可以分别独立，十本书又互成一体，全方面、全方位来帮助家长更好地教育孩子。

这套经典家教读物，影响深远，涵盖古今，气势恢宏，弥补了当前国内全面系统、深入细致、权威有力介绍世界家庭教育名著的空白，且有着其独有的魅力与特色：其一，这是一套推动西方教育革新，影响全世界几代人成长，历经数百年而不衰的教育精华，所选的每一本都是经典中的经典、权威中的权威；其二，每一部作品，结合当前的教育，使影响世界教育进程的大家作品与时下父母的教子需求完美结合；其三，深入浅出，通俗易懂，让高高在上的教育论著走下神坛，成为最接地气的家教读物；其四，没有干瘪的说教，不是枯燥的论述，而是案例丰富、故事生动，可读性强、借鉴性大，实用性强、启发性大……

这是一个教育最好的时代，也是一个教育最坏的时代。谁能抓住孩子教育的黄金时代，谁就能给孩子创造一个美好的未来。

希望每一个孩子都能健康成长、快乐成才，希望每一位父母都能教子有方、助子成才。

希望把这套家教读物送给每一位已为人父母和即将为人父母的人，还有每一位教育工作者和每一所图书馆。

给孩子最好的礼物，莫过于给孩子最好的教育。

给孩子最好的教育，从此书开始吧……

谨以为记。

田学超

2016年5月20日于武汉

目录

第一章　离开母体的婴儿

全世界的父母都无一例外地认为：自己对孩子降临的期待和他们降临以后给他们的爱肯定是全无保留的，很多父母甚至用“捧在手里怕摔了，含在嘴里怕化了”来形容自己对孩子爱得不知所措的程度。

可是，孩子的感受真的像我们所付出的那般程度吗？我们真的有如我们自己想象的那般了解我们的孩子吗？我们一直认为自己很了解的孩子，是真的清楚他们吗？

孩子在发展进步的时期，我们可以怎么做才能真正有效地帮助他们呢？

现实生活中，我们往往费尽心思地帮助他们，以为这样就是给了他们最大的爱，实际上这恰恰妨碍了他们的发展。

家长们费尽心思想提供力所能及的最好的家庭环境给自己的孩子，给孩子住宽敞的房子，吃很好的饭菜，穿漂亮的衣服，玩高档的玩具……却从未注意到，我们的孩子根本找不到一个可以适应自己身形的环境——因为，他们生活在成人的世界里！

我想给每位妈妈一个忠告：让你们那三到四岁的孩子们按照自己的喜好去做事吧，让他们自己梳洗，自己穿衣服，自己吃饭，在家里准备一个与孩子年龄相符、能释放他们精力的同时又能配合他们心理发展的环境，这样，孩子们在得到充分自由的同时，那些让我们头疼的问题也就跟着迎刃而解了。

第一节　我们眼里的婴儿和婴儿眼里的世界

我们往往意识不到，再小的孩子在成长过程中也有自己的规则感，现实生活中，我们往往费尽心思地去帮助他们，以为这样就是给了他们最大的爱，实际上这恰恰妨碍了他们的发展。孩子在发展进步的时期，我们怎么做才能真正有效地帮助他们在生活中进步呢？

孩子从出生的那一刻起，完全脱离了一直以来为他们提供最适合生活环境的母体，要开始用他们自己那发育得并不完全的器官来呼吸、来进食，来适应这个他们完全陌生的环境。

他们被迫地改变他们适应了十个月的生活姿势，一出生就被套上厚厚的衣服，被这些衣服束手束脚，再也不能像在母亲的身体里那样自由自在地用手抱头、舒坦地生活了。等他们好不容易适应了外界的生活方式，有了自己的意识，想通过自己的努力来使自己更聪明、更快地与这个世界相融，作为父母的我们却大惊小怪地认为他们每一步都在面临危险。对以下场面你一定不陌生。当我们的孩子第一次试图自己吃饭的时候，父母亲很快地抢过他们手里的汤匙或是筷子，然后大惊小怪地说："亲爱的，你还那么小，怎么会自己吃饭呢？来，让妈妈喂你吃！"孩子这个时候一般都会很不配合地哭闹，不肯吃妈妈送到嘴边的食物。此时此刻，大多数的妈妈并不认为自己侵犯了孩子什么，而是会又急又气又不知所措地认为孩子不乖，然后"哦哦哦"地哄个不停，而孩子通常也不肯乖乖就范……

又比如说，孩子自己挑了一件喜欢的衣服想穿，这个时候"爱"他的妈妈又出现了，她们通常会迫使孩子接受自己的意见，帮着孩子穿上妈妈认为漂亮的衣服。孩子当然表现出不高兴的神情来，年纪大一点儿的可以跟妈妈闹情绪了，年纪小一点儿的只能通过哭闹来表达自己的不满……

这个时候的父母是不是都无一例外地在心里抱怨着孩子的不乖和任性呢？

当这些事情出现的时候，孩子到底是怎么想的，我们也许无法通过交流得知他们真实的想法，但我们或者可以试着想一想，如果有那么一天，我们周围的日常用品突然变得跟我们的个头儿不相符合了——椅子太高，我们够不着；桌子太大，我们伸长手也够不着面前的饭菜；门把手也远远地高出我们的身高，跳起来我们也够不到……我们正准备吃自己喜欢的菜，突然跑来一个比我们高大得多的巨人抢过我们手里的碗筷逼着我们照着他们喂食的速度来吃下面前的饭菜；我们高高兴兴地穿着自己喜欢的衣服准备出门，巨人此时又跑进来扔下一件他认为好看的衣服并让我们以他要求的速度穿上去……

是不是从来没有想过这种被强迫的难受？你一定会觉得这是个笑话。的确，我们的生活中不可能出现这样的事情。但是，我们的孩子，从他们一出生到他们完全独立地生活，一直都要或多或少地被迫接受这些类似的事情。试问一下，这种情况下，他们怎么可能感受得到父母是爱他们的？

孩子在发展进步的时期，我们可以怎么做才能真正有效地帮助他们在生活中进步呢？

现实生活中，我们往往费尽心思地去帮助他们，以为这样就是给了他们最大的爱，实际上这恰恰妨碍了他们的发展。

举个很简单的例子。为了防止孩子吃饭的时候不小心把碗摔破了，我们就给孩子准备铁碗或是钢碗，不管他们怎么摔都不会坏。这招也许的确可以让我们减少一些麻烦，但从另一方面来说，这其实是在给孩子们传达一个错误的信息——碗是摔不坏的！我们把家里所有孩子能接触到的东西都换成摔不坏、碰不烂的东西，以免孩子将它们弄坏了。但与此同时，我们却给了孩子一个错误的生活经验——等他们长大以后会发现，原来有很多的碗是会摔碎的，只有特殊材料的才摔不坏！我们独独忽略了：相比孩子的成长和进步，弄坏这点东西又算得了什么？

生活中我们做了很多诸如此类的事情，用我们的所谓爱和好心把问题点隐藏了起来，这种做法的确能在一定程度上减少我们的麻烦和损失，可孩子不但得不到帮助，反而会因为看不到问题一直错下去。从另一个角度来看，成人的这点小损失相对孩子们的成长来说是极不划算的。我相信，摔碎再多的碗也换不回孩子一种正常的生活常识。

我们一直认为自己很了解的孩子，我们是真的了解他们吗？

在他们出生的最初几年里，他们受着各种限制：因为自身发育的原因他们不能自主地做自己喜欢的事情，他们甚至只能用哭和笑来跟周围的人交流；再长大一些，他们可以独立行动了，又被大人们限制在一个不能弄乱、不能弄脏的家里；他们想试着去接触、了解什么的时候，往往被大人们视为很危险的动作，被大人们呵斥着弄走……

我们所谓的了解和关爱，不过是在打着爱的招牌、依着自己的想法剥夺孩子们的自主权，扰乱他们的成长和进步！

我们往往意识不到，再小的孩子在成长过程中也有自己的规则感——你一定看到过孩子到了晚上某个时间就只有妈妈或是相对亲近的人才能抱着他们，哄他们睡觉；几乎每一个孩子都有“认生”的现象……每每遇到这种情况，大人们都大惊小怪地认为自己的孩子怎么这么不乖，怎么这么不“大方”。其实，不是孩子有问题，是我们没有意识到孩子的规则感，就算是成人，从自己熟悉的房间换到另一张陌生的床上去睡觉时，第一个晚上都会有睡不着的“认床”情况发生，这种认床现象在有的人身上甚至会持续更长的时间。

我们在批评孩子的时候，在认为孩子不乖的时候，不妨换个立场站在孩子的角度上来考虑一下问题，也许你会有很多意想不到的收获。

第二节　为孩子成长提供一个好的环境

就像一个优美的家庭环境有利于成年人的家庭生活更和谐美满一样，可以肯定的是，环境的舒适美观跟孩子的学习和活动能力有着必然的联系，孩子主动探索与发现的意愿在优美的环境中一定强过在脏乱不堪的环境中。

自然界的环境对人类及所有物种的影响已经得到了有效的科学论证：在同样自然环境下成长的孩子因为家庭条件的不一致出现了千差万别的差异，这充分说明了家庭环境对孩子的成长同样具有决定性的、不可忽视的作用。说得更具体一些是家庭里的成人（起决定性因素的是陪着这个孩子一起长大的那个人）对孩子将来的性格和心理成长起了主导作用。

家长们费尽心思想提供力所能及的最好的家庭环境给自己的孩子，给他们住宽敞的房子，吃很好的饭菜，穿漂亮的衣服，玩高档的玩具……却从未注意到，我们的孩子根本找不到一个可以适应自己身形的环境——因为，他们生活在成人的世界里！这里所有的家具和摆设都是依着成人的需求和喜好来布置的！这种生活环境的偏差，不只是由于尺寸大小的差异，还因为孩子在如此不协调的环境中，动作不能得心应手，更不可能依着他们自己的想法来决定自己的生活习惯。他们每天用着与自己身体大小不相符的家具，每天被要求依着成人为他们制定的作息时间睡觉、吃饭、学习，稍有让父母不高兴的地方就有可能被父母责骂、训斥。

我们常听到很多妈妈的抱怨：我的孩子太难缠了，一天到晚总把“不要”两个字挂在嘴巴上面；你要他往东，他偏往西；早上的时候赖床不肯起来，中午的时候怎么哄都不肯睡觉。

听起来这个孩子似乎真的很不守规矩，实际上，他不过是不守我们成人给他们定的规矩。而问题在于，我们为他们所定的规矩根本不符合他们需要的、大自然给他们定的规矩。为此，我想给每个妈妈一个忠告：让你们那三到四岁的孩子们按照自己的喜好去做事吧，让他们自己梳洗，自己穿衣服，自己吃饭。在家里准备一个与孩子年龄相符、能释放他们精力同时又能配合他们心理发展的环境，孩子们在得到充分自由的同时，那些让我们头疼的问题也就跟着迎刃而解了。

就像一个优美的家庭环境有利于成年人的家庭生活更和谐美满一样，可以肯定的是，环境的舒适美观跟孩子的学习和活动能力有着必然的联系，在优美的环境中孩子主动探索与发现的意愿一定强过脏乱不堪的环境。

摆放在家里的家具一定要轻巧，位置要方便孩子移动，照片或是希望他多关注的一些图片要张贴在与孩子视线同样高度的地方，这样他们在看的时候才不会太费劲。如果因为贴得太高而导致孩子们无法看到这些东西，那是多么可惜的事情啊！

从地毯到花瓶或是其他任何类似的物品，都应该遵循这个原则，家里的每一样东西都必须能够让孩子方便地使用。当我们在做家务时面对孩子伸出的或热情或好奇的双手，一定要放心大胆地相信他们，并毫不吝啬地让他们参与。要让他们真切地感觉到自己是这个家庭中的一员，一个受尊重、受到重视的一员。

在“儿童之家”中发生过一个这样的故事。有个小姑娘到公立学校参观，发现教室的桌椅上布满了灰尘，她对老师说：“孩子们不打扫卫生而让教室脏兮兮的，是因为他们没有漂亮的抹布。如果没有漂亮的抹布，我也不愿意打扫教室里的卫生。”

“儿童之家”里的桌子和凳子脚下都没有贴防滑垫来减小移动时的噪声，孩子们会根据移动桌椅时的声音来感知自己的动作是不是太粗鲁了，反而有助于他们建立秩序感；这里也摆设着一些像玻璃、盘子、花瓶等类的易碎品，很多大人觉得这种做法不可思议，在他们的认识中这些东西是很容易被没轻没重的孩子打碎的，好像这几片玻璃比孩子的成长更重要似的！实践证明，孩子们在一个真正属于自己的环境里是很注意自己的行为的，他们天生就会改进自己的行为，大人的任务就是给他们机会，让他们练习自己必须做的事情。只有不断练习，他们才能在发展中成长，牺牲几块玻璃又算得了什么?!

很多时候，我们在孩子遇到困难的时候会马上介入，帮他完成他想要做的事情。事与愿违的是，孩子们并不领情。我们通常把他的这种行为看作是不乖的表现。在我们的意识中，我们所做的一切都是为他们好。

其实，对孩子好并不等于容忍他所犯的每一个错误，我们应该找出避免他们犯错的方法，而不是等到他们确实犯了错以后再对其严词训斥。要让他们尽可能地、自然地生活并成长。

通过观察发现，为了把事情做得更好，孩子们总是自觉地工作，当他做一件自以为非常重要的事情时，会非常沉静，而且自得其乐。

在以往的经验中，我们发现一个可怕的事实：一个人在婴儿时期受到的不良影响，会阻碍他一生的发展。从母体里的胎儿期到出生后儿童期的成长变化，都对一个人的将来起着决定性的作用，不但对本人成年后的健康状况有所影响，在整个生命的延续过程中都有着举足轻重的作用。

人们通常认为分娩对产妇来说是整个生命中最艰难、最危险的一刻，却没有人认为这对婴儿本身来说也是一道难关。随着分娩的来临，这个脆弱的身体在没有任何准备的情况下被挤压着，带着伤降临在这个完全陌生的世界上。经过分娩，婴儿脱离了赖以生存的母体，从温暖的羊水中出来，马上得靠自己尚未发育完全的器官来维持生命，并无助地适应这个陌生的环境，连保持了十个月的舒服姿势也不得不被一层层缠得紧紧的衣物所改变。

不得不说，人们对初生婴儿的盲目无知正是人类生命的一个盲点。

照料婴儿，真的需要很丰富的知识。

从孩子降生到满月，他们都需要一个安静的成长环境，尽量让他保持在母体里的环境生活。不要给他穿衣服，但一定要在室温下适当保暖，这是因为，婴儿的体温还不能随着周边温度的变化而自行调节，穿衣服对他来说其实没有实质性的作用。

事实上，这个观点从未被接受过，更没有人真正用这种方法来对待孩子。任何地方任何国家的儿童，其实都未曾真正被彻底了解过。大人们的潜意识里对孩子的成长充满了惶恐不安，把孩子当作是自己的私有物品一般竭尽全力保护。另一方面，他们又害怕孩子的到来会破坏他们正常的生活秩序。在这种心态下，大人们总是紧跟在孩子后头，随时准备抢救那些在他们的意识中会被破坏的东西。大人们大惊小怪地怕孩子搞坏东西，而孩子们却被大人们的大惊小怪弄得无所适从。恰是这种行为抑制了孩子成长的自然性，更别说给孩子提供一个适合成长的生长环境了。

其实，哪怕是很小的孩子，也会有“物归原处”的秩序要求，他们对秩序的要求甚至强过普通的成年人。

有这样一个故事，一个妈妈因为天气暖和把外套脱下来挽在手上，身边的孩子哭闹起来，没有人知道他为什么那么伤心，直到妈妈把外套穿上，孩子停止了哭闹，大人们才恍然明白孩子哭闹的真正原因。但对于孩子的这种表现，大人们还是无法理解的——不难看出，影响孩子情绪的主要原因是他看到物品放在了他不熟悉的位置。

遗憾的是，通常这种情况并没有引起大人们的关注和重视，相反，他们往往觉得这是孩子不乖的表现，应该得到处罚。

在现实生活中，孩子在某个阶段的一些小缺点随着年龄的增长会自然消失，并不需要通过大人的处罚才能得以改正。意识到这一点，我们就应该知道很多时候对孩子的处罚是完全没有必要的。

第三节　人类成长发展的不同阶段

即便我们每个人都是从婴儿期走过来的，我们却都已经记不起当初我们经历了什么，我们也无法想象婴儿这种独特的心理能力到底是什么样子，但他们的这种优势却不可否认。

研究证明，人在成长过程中要经历不同的心理阶段，每个阶段的心理类型大不相同，而各心理成长阶段与不同的身体成长阶段密切相关。

在成长发育的不同阶段之间，一个心理阶段结束，另一个心理阶段随之而来。所谓成长，就是一个不断再生的过程。

第一阶段是出生到六岁之间，这个时期每个孩子的心理类型基本一致。这个阶段又分为零到三岁和三到六岁两个不同时期。

零到三岁儿童的心理需求是每天早晨要睁眼看到他熟悉的、喜欢的亲人的笑脸相迎，清晨这一段时间，父母的笑脸和关心会给宝宝的一天带来新的气息和良好的情绪。

三到六岁时期的儿童心理类型其实没有发生多大变化，他们的人格已经有了很大的不同，变得很容易受到成年人的影响。如果把六岁的孩子与刚出生的时候做一番比较，会发现他们的变化着实惊人：六岁的孩子相比三岁前的孩子已经具备了自主能力，能够理解别人说话的意思，能够按照成人的指令完成相关的工作，能够安心听讲，理解老师的意思，可以到学校接受教育了。

第二个心理发展阶段是六到十二岁。这个时期的儿童处在相对稳定期，表现得健康、强壮、快乐，他们在精神和肉体上表现出来的稳定几乎与成年时期非常相似。这一阶段不仅在心理上与第一阶段不同，身体上的变化也很明显 儿童在这个时间段开始换牙。

这一时间段的儿童最适宜接受基础文化教育，世界上大多数国家的儿童在十二岁时进入中学。这是来自成人们对儿童心理发育的共同认识，而绝非偶然。

十二到十八岁是第三个心理成长阶段。这段时间内，人的身体基本发育完成，十八岁以后，身体不再随着年龄的增长而发生显著变化。这个时期，孩子的性格变得很不稳定，有一种反叛倾向，也就是人们常说的逆反心理；在身体发育方面，孩子们也没有前一个阶段稳定，更让人担忧的是，学校教育并不关心这些，老师们不管学生是否愿意，都会要求他们根据成人事先编好的作息时间表来学习。这种现状一直持续到大学教育阶段，师生之间的关系仍然是老师在上面讲，学生坐在下面听，课程量也随着孩子年龄的增长而增加。

大人们制定了自己的标准让孩子必须遵守：孩子必须服从老师和家长的命令，不能随意上街、抽烟，成绩不理想时还要受到父母的责骂……

大人们没有意识到的是：我们最主要的教育任务是要开发孩子们的大脑，因为社会需要的是他们的智慧和经验，需要的是医生、律师或是工程师，这些职业都要求从业者必须有一定的理论知识和丰富的实战经验。如果他们只是完全听从大人的安排，规规矩矩地学习，是不能成就自己丰富的职业经验的，也就不可能实现他们的职业梦想。

现在各种各样的幼儿园满目皆是，这些幼儿园担负起了两到六岁的孩子的教育。大多数人开始相信教育最重要的阶段不是大学，而是零到六岁，他们相信智慧是在这个阶段形成的，人的心理也是在这个阶段定型的，有的人甚至提出了“孩子不能输在起跑线上”的口号。

除了人之外，没有一种动物需要如此长的婴儿期。我们并不知道这个过程中孩子们的身上到底发生了什么，可以肯定的是，在这个发育过程中，一种创造性的潜能一直在发挥作用——刚出生的婴儿没有任何知识，可是一岁的孩子却什么都知道了。

婴儿刚出生时没有主观意志，没有记忆，脑子里一片空白，所有的都有待于在以后的时间中发展。而其他动物却不尽然，小猫一生下来就会“喵喵”叫，小牛一落地、小鸟一破壳就能发出和它们父母一样的叫声。而初生的婴儿却只能发出“哇哇”的哭声。

不满一岁的婴儿在沉睡中发育，他们的大脑潜藏着的巨大的创造力一直在发生作用，形成了他们的内心世界。婴儿在出生的第一年里完成发音器官的发育，还掌握了语言；同时，他们时刻都在储存身体发育所需的能量。

婴儿没有成人般的意识，他们所有的变化和进步都是在无意识中完成的，他们同时创造着知识和对这些知识的要求。正是这些无意识的智慧帮助他们从周围的环境中开始吸收知识并成长。

每天围绕在婴儿周围的有很多种声音，他们为什么却只学到了人类的声音？

这就如同人对音乐的感受：人在听音乐的时候，脸上的表情会随着旋律变化，头和手也会跟随节拍活动。

当然，婴儿对语言的感受比我们对音乐的感受强烈得多。婴儿在无意识中被周围声音所感染，他们的每个器官都在学习发声。

人们把婴儿期学到的语言称作母语。有些人一生中会很多种语言，但他在婴儿期学习的母语与后来学习的语言有明显的区别，这种区别类似于真牙和假牙的不同——母语会记在一个人的记忆里一辈子，不管人们离开家乡多久，不管他后来的生活中更多地使用什么语言，只要人们看到自己母语的文字或是听到母语的声音，他们都能想起这些语言表达的意思。但人们对于后来学会的其他语言却不具有这种深刻的记忆性，如果几年下来都没有使用那种语言，人们可能连听懂它都有问题了，更不用说再像以前那样流利地讲出口来。

婴儿刚开始听到的只是一些无意义的声音，不久后，他们明白了其中的含义，还同时掌握了语句的顺序。

值得一问的是：婴儿没有记忆力，也没有推理能力，他们是如何认知到这种对语言的学习方法的呢？婴儿对语言的学习是成人难以理解的，也是成熟的大脑无法完成的。一个很简单的例子：孩子在最初学习说话的时候一定比成人学习另一门语言要容易得多。这就说明，婴儿有一种特殊的心理能力，他们具备与成人不同的智慧。成人是用大脑来学习的，而婴儿是通过心理能力直接无意识地吸收知识。这两者有着本质的区别，也就导致了两者学习效果的不一样。

成人的学习只是接受，他们把知识输入大脑储存起来，人与知识并没有建立直接的联系，就如同向一个花瓶里灌水一样，水是水、瓶是瓶，它们之间并没有直接的联系。而婴儿在学习中经历了一个转型过程，他们通过学习塑造了自身，他们在学会母语的同时，在幼小的身体里发生了一种精神化学反应，他们吸收的知识不仅进入大脑里，同时还促成了大脑的发育，他们通过与周围环境的交流建立了自己的精神世界。学者们把这时候的心理称作“具备吸收力的心灵”。

即便我们每个人都是从婴儿期走过来的，我们也都已经记不起当初我们经历了什么，我们也无法想象婴儿的这种独特的心理能力到底是什么样子，但他们的这种优势却不可否认。

可以说婴儿的学习过程是件极为伟大的事情，不仅渐渐掌握了知识，还同时促进了大脑的发育成形。

孩子对动作的学习是有规律的，每个动作都有特定的学习期。在学习之前，他们无意识的心理发育已然开始了，大脑早已开始了对周围环境的学习，心理活动从无意识向有意识转变。

我们会发现一个三岁的孩子反复不断地玩弄着一些东西，我们并不知道他们这些活动其实是有意识的。他们的思维通过对玩具的研究从无意识向有意识正在发生转变，从此，他们的行为也渐渐有意识，并通过自己的活动使自身得到完善。

手是人类智慧的工具，在一些宗教信仰中，人类的手还被赋予了一种神圣的使命。儿童的学习也是从手的使用开始的。

婴儿在这个过程中渐渐获得自己的力量，形成自己的思想和意识，并将成为他记忆中的一部分，从而获得理解和思考的能力。

近年来，对婴幼儿心理的研究打开了人们的眼界，本书要做的事情就是对儿童这个阶段的学习进行分析。

对零到六岁儿童心理的发育，成人所能做的事情不是教育而是提供帮助。如果能正确认识儿童的心理发育，理解他们的需要，延长这个学习阶段，促使儿童发展其掌握知识的能力，将是很有意义的事情。如果能找到一种方法使人类摆脱艰苦的学习过程，同时又能掌握更多的知识，这将是对人类多么大的贡献。

婴儿的学习能力始于无意识的心理，这种无意识变成有意识的时候可以使婴儿在游戏过程中从周围环境中吸取经验，成人的教育却不能直接介入这个过程。这一时期儿童需要正确的帮助，而不是灌输知识。教育应该是消除儿童天赋创造力的障碍，使这种能力充分发挥出来。同时，教育也是向儿童的心理发展提供帮助的手段，因为他们天赋的创造力还在萌芽阶段，非常脆弱，成人提供的帮助不是指向儿童本身，而是促进儿童这种天赋能力的发挥。

帮助儿童的心理发展，促进儿童自然学习能力的发挥，使这种潜能得到提高——这应该成为当今世界教育新的发展方向。

第四节　儿童成长的终极目标——独立

儿童不断获取独立发展，标志着生命不断完善的个性，自然界任何生物都具备这种能力，儿童不过是遵循了自然规律充分发展自身。他们的这种自由天性是所有生物生存的前提。

婴儿从离开母体的那一刻起，就在不断地克服各种阻力朝着自身独立发育的方向奔去，生理学家们把这种特殊的力量称为“具有目的的行动”。这种力量推及成人身上，类似于“主观意愿”——它同时又是一种不受个人主观控制的生命的本能，是大自然赋予物种生命演进的推动力。

如果婴儿在成长过程中不受任何干扰，他们身上就会显现出一种“生命的愉悦”。这种显现，是婴儿对独立的要求，只要成人能对他们的自然发展给予应有的帮助，他们就能实现自身的独立。

新生儿脱离了子宫的“牢笼”迈出了独立的第一步，出生赋予他们认识外在环境的强烈愿望。他们将面对一个全新的、陌生的世界，本能地学习各种知识、完善自己以使自己适应这个环境，并很好地驾驭自己的生活。

婴儿最先开始工作的器官是感觉器官，他们最初听到的是一种混合的声音，只有随着他们与环境经验交流的积累才能渐渐地分辨声音之间的差别。

研究发现，在六个月左右开始接受外界影响的婴儿才会走上正常的生长过程。

现实中，六个月的婴儿开始分泌胃酸，开始长牙，开始身体发育。这个时候的婴儿不但可以吃母乳，还可以开始吃一些与母乳混合的食物。他们的小嘴开始发音，顺利地完成语言学习的第一个阶段。儿童一旦开始说话就能够表达自身的需求，开始了社会交流，不再依赖他人。

六个月大的婴儿相对来说已经达到一定的独立程度了，他们盼望并且在生活中开始试图自己独立完成一些动作。在孩子的成长过程中不断有类似的情况发生，他们会因为自己对父母的依赖感到难堪，会尽力地回报父母的养育之恩。

到一岁时的儿童开始学习走路，可以随意乱跑了，他们在身体上获得自由了，能够躲避日常生活中可能会发生的伤害。他们也真正一步一步地迈向独立，在大自然赋予的能力下实现自己真正的独立。

其他哺乳动物很多都是一生下来就会走动，几分钟后就能奔跑，只有人类需要经过学习才能走路。

用两腿站立和行走，需要复杂的神经结构相互配合，主要取决于大脑底部的小脑，儿童是否能够行走取决于小脑的发展。

正常的儿童六个月的时候小脑快速发展，一直持续到十四到十五个月左右放慢速度，到四岁半时完成小脑发育。

在小脑和神经系统发育成熟的同时，儿童的行动器官也发育成熟，儿童在六个月的时候能够坐起来，九个月时会爬动和打滚，十个月左右可以站立，十二到十三个月开始行走，十五个月时可以平稳地走路。

行走是由脊柱神经把大脑指令传达给腿部肌肉，再由各种肌肉运动协调完成。

行走的另一个必要条件是骨骼必须发育成熟。

新生儿骨质柔软，无法承受身体的重量，行走又是由一系列组织协调完成的。所以，在儿童小脑、脊柱神经和骨骼发育成熟之前，不能教他们走路，否则就违反了自然发展规律，会给儿童带来危害。

器官只有充分实现了它的功能，才意味着发育完全了。

儿童从生下来什么都不会到完全独立，是一个自然发展的过程，我们不能拔苗助长，也不能阻止他们的发育，否则就是束缚他们的发展，是阻挠自然法则的实现，会导致他们的畸形。

儿童在实现了行走和语言方面发展的同时，他们还在不断扩大自己的范围，不断发展自己的独立性。这些特质通常表现在：他们总想按自己的意愿行事，想要玩自己喜欢的玩具，想要自己穿衣服、吃饭，或是喜欢用自己的方式做一些大人们看不懂的、奇怪的事情。

没有人要求他们这么做，也不是因为他们不乖，他们做这些都是出于他们强烈的获取经验的欲望。大人们往往因为不知道他们的出发点而加以阻止和干涉，却不知道自己已经无意中阻止了儿童实现自然赋予他们发展的法则。

儿童逐步摆脱对成人的依赖以后，开始要求精神上的真正独立，他们会对已经取得的经验进行思考和整理，并寻找身边各种事物之间的联系，不再依靠别人而真正地对这个世界有自己的认知。在这个过程中，他们逐渐地形成了自己的个性。

在这个过程中，成人所要做的事情就是尽量给孩子提供一个自由的空间，让他们正常发挥自己的潜能，以此获得真正的独立。只有通过自由和丰富的环境经验，人类才能实现自身的发展。

遗憾的是，人类目前对自由的理解存在很大的分歧。也就是说，成人们自己都不能给自由和独立一个准确的定义，倒是儿童们的成长过程向我们展现着一个完整的人生场景，通过它，我们离真理更近些。可以说，儿童成长所获得的自由，拓展了成人的思想空间。

儿童不断获取独立发展的目的标志着生命不断完善的个性，自然界任何生物都具备这种能力，儿童不过是遵循了自然规律充分发展自身，他们的这种自由天性是所有生物生存的前提。

自然界物种发展的迹象表明，生命是一种处理激发状态的能量，谁也不能向它叫停。独立不是一个割裂的静止状态，而是一个不断征服的过程。

儿童的第一本能是摆脱对他人的依赖，在争取独立的时候他们的第一个意识就是自我保护，使自己免受外来伤害，避免他人的阻碍，实现自己的要求。

为了实现与他人交流的需要，婴儿承担着繁重的工作，他们克服了种种困难，学会说话，学会各种适应周围环境的本领。他们表现出强烈的进取意识，对不断熟悉周围的环境表现出欢欣鼓舞。

儿童通过自身行动寻求独立，他们所有的努力都只是为了自己想要学习的知识，想要从周围世界里获取经验，而不是关心其他东西。

人类的成长过程就是一个永不停歇的工作者在争取自由和独立，停止工作就不能生存。这种生存规律适合所有生物，违背这种规律就会倒退，生命必须通过活动才能达到完美。

现实生活中，有些人意图把工作推给别人，自己少工作。这种违反自然规则的表现是生命衰退的表现，起因在于他们出生后的几天里没有得到成人们的帮助来适应周围的环境，他们对这个世界失去了兴趣，他们喜欢别人的帮助，表现出一种退化倾向，是一种对独立逃避的表现。

当我们发现孩子有这种反常现象时，我们该如何治疗这种衰退症状呢？对非正常儿童来说，从懒惰到充满活力是一个治疗的过程，我们可以提供更丰富的生活环境，以引起他们的兴趣，让他们从中吸取更多经验。只要我们遵循生命发展的基本原则，就可以改变有退化倾向的儿童，改变他们不再因为恐惧而躲避，让他们热情大方地享受生命的乐趣。

儿童的学习过程受生命本能的支配，他们的这些功能不受外在指令约束。成人不能为了让孩子比同龄人更优秀而逼迫他们违背自然规律提前完成某项学习，这就正如在孩子各种行走器官发育成熟之前我们不可能教会他们走路，在他们的心理发育到一定程度之前，他们也不可能学会说话。

我们不要认为自己可以凭空造就一个天才，再科学的教育方法也只能促使一个人更充分地发挥自身的潜力。这是因为，在人类的发展过程中，生物成熟和心理成熟是同时进行的。就生命个体而言，成熟过程不仅有基因功能的作用，还有环境的影响，环境经验以不同面貌出现，当这种经验不断重复地出现，人的意识领域就出现了一项新的功能。这种功能是肉眼看不到的，它与外在经验环境也没有直接的联系，当这种功能出现的同时，环境经验随之消失，随着新功能的建立，儿童的注意力就开始转移，以便发展另一种功能。

遗憾的是，大部分的成人并不知道这种现象，所以我们可以经常听到父母们的抱怨，他们很苦恼自己的孩子在一件事情上的热情不能坚持他们预期中的时间。他们不知道的是，儿童如果不这样连续吸取环境经验，就会失去对外部环境的敏感性，这才会真正影响他们的发育成熟。

所谓成熟包含了来自遗传的结构变化，虽然它取决于遗传基因，但在一定程度上也是生物体与环境之间互相作用的结果。

所以，总的来说，影响个体成长和心理发展的有以下几个方面：具有吸收力的大脑、“星云”和敏感时期。

这些都必须通过个体的自由活动在环境中获取经验才能发挥作用，它无法被外力所阻止，是人类特有的特征，是人类的先天遗传。

第五节　生命的开始

这种做法其实很不合适——洗澡会给婴儿带来强烈的刺激，婴儿已经有所知觉，突然给他们穿上衣服会让他们很不适应。最好的做法是依据自然的要求，帮助儿童适应这个世界。

儿童的大脑有一种天然的吸收力，这种力量使得他们可以从周围的环境中吸取养分变成知识，得以成长。

儿童的发育过程分为许多个阶段，在每一个阶段里，环境都起着十分重要的作用，其中，最重要的是婴儿刚出生的这个时期。

20 世纪人们对儿童的身体做了大量的研究，并取得了很大的进展，大大降低了婴儿的死亡率，这对人类来说是个好消息。然而，人们却忽视了婴儿的精神健康。

事实上，婴儿从出生就要经历一个适应外部环境的阶段，这个精神适应阶段不论是对人类还是对其他哺乳动物都很重要。

人类和其他哺乳动物不同的是：人类没有与生俱来的行为能力，人类需要很长一段时间来培养这种能力。

婴儿在一岁的时候也可以分为几个阶段，随着每个阶段发育的不同他们需要的关注也不一样。

婴儿出生的最初几天是第一阶段，这段时间虽然很短暂，对孩子来说却很重要。该阶段应该让婴儿和母亲多接触、多交流，育婴室的温度、光线和声音要尽量与婴儿出生前保持一致。现实中，人们习惯的做法却是将新生儿放进水里洗澡，然后穿上厚厚的衣服。

这种做法其实很不合适——洗澡会给婴儿带来强烈的刺激，婴儿已经有所知觉，突然给他们穿上衣服会让他们很不适应。最好的做法是依据自然的要求，帮助儿童适应这个世界。

不可否认，母亲和婴儿之间有一条特殊的纽带，它让婴儿从母亲那里取得一种适应外部世界的力量，随着婴儿的出生，婴儿从母亲的体内来到体外，很多人认为母子俩从此就完全脱离开了。一些有钱人家的母亲为了自己的安逸生活，直接把孩子交给保姆或奶妈照顾，这其实是一种很不科学的做法，他们感受不到母亲的爱——照顾他们的保姆把他们放进婴儿车，他们无法看到周围的环境，满足不了婴儿心灵深处的渴望和不满，会阻碍他们的正常发展。特别是对于他们学习语言方面，因为保姆与儿童属于不同的社会阶层，孩子在他们的影响下会越来越接近他们的特质，这绝对有违孩子父母对孩子教育的初衷。

婴儿从出生的那一刻起，要适应的实在太多了，母亲的陪伴才符合自然要求。

母子相依阶段过后，儿童就能够适应环境了，他们也从此踏上了争取独立的道路。

儿童在骨骼没有发育成熟之前，无法自由活动，他们只能运用大脑和感觉器官感知和吸收周围环境。

从结构上来说，人眼和其他动物的眼睛没什么不同，都起到吸收光线形成影像的作用。但动物的眼睛只对某一事物敏感，它们的眼睛使用范围有限。比方说猫的眼睛只对移动的物体十分敏感，对静止的物体没有感觉；有些昆虫只对可成为其食物的花的颜色感兴趣，对其他颜色的花却视而不见。这些本能局限控制了生物的行为，而人却可以不受感官的奴役，人眼吸收的信息量远远多于其他动物。儿童的眼睛不但对光敏感，还能接收各种信息。儿童的感觉器官完全不同于动物的这些规律，他们观察视野中所有东西并从中获得经验。外部环境信息同时给儿童造成某种心理反应，对儿童的人格产生影响。这些规律对儿童成长和发展有着十分重要的意义，人类应该注重这些规律。

与大自然中其他动物有异曲同工之妙的是，儿童会像某些会伪装的动物，那些动物把自己混入周围的环境里。比方说，有的昆虫依附在树叶上生活，形体与树叶十分相似，以将自己掩护在环境中，用这种保护色保障自己的安全。儿童和这些生物一样具有这种勇气，他们吸收适应环境的同时还会让自己渐渐与环境和谐一致，不同的是，这种共性于动物表现在形体上，而对儿童的影响则发生在心理方面。

环境对成人的影响力和对儿童的影响力又有不同：成人看到好东西赞一声以后继续做自己的事情去，只会在记忆里留下模糊的印象；环境则会在儿童的心中留下深刻的印象，让他们通过这些经验塑造自我，在婴儿刚出生的这段时期这种作用尤其重要。

婴儿期是人类个性特征形成期，个人的语言、宗教、种族等都是通过婴儿特有的内在力量获取而形成的，直至陪伴人的一生。

在这个特征形成过程中，儿童还具有一种自我调整能力，以使自己与周围环境融为一体，最终适应周围的环境；我们想要在儿童的成长中起到帮助作用，首先就要弄明白应该给他们提供一个什么样的环境。

婴儿无法用言语告诉我们他们需要什么，他们只能被动地在自己遭遇的环境中成长，遇到什么就吸收什么，所有构成他们生活的行为方式、习惯和传统，只能从相应的群体生活中学习得来。

在帮助儿童成长的问题上，我们必须知道，决定人一生的性格是在儿童时期通过与环境的适应过程建立的。我们应该尽量让儿童与周围环境充分接触，在我们进行社会活动的时候尽量多地把孩子带在身边，让他们能尽量多地观察我们在说什么、在做什么，在他们的潜意识里种下这些生活必需的东西，这些东西对促进他们的成长是很有帮助的。与此同时，父母对孩子的行为也必须有足够关心，发现他们对什么东西感兴趣，发现吸引他们的东西，就把他们带到这个感兴趣的东西面前。

成人生活中会遇到的很多问题，究其根本原因是个人无法在道德上适应周围的社会环境。所以，在孩子小的时候我们就应该帮助他真正地融入环境，以免他们长大后成为社会的负担。

当然，那些墨守成规的人也许会问：以前的人不知道这些知识，也不是采取这些方法来带孩子，他们的孩子还不是照样长大成人了吗？

事实上，这个问题问得也不是完全没有道理，只是，我想强调的是：社会是在不断发展中的，是不断进步的。在照顾儿童方面，不同的社会群体在携带孩子的方式上的确是存在很大区别的。我们要做的当然是与时俱进，采用更好的方法来对待我们的孩子，让我们的孩子在更好的环境下成长，让他们的将来比我们和我们以前的人们过得更好。

也许我们今天的认知也不是最全面、最科学的，也许以后还会有更多人、有更多更科学的发展。人们在未来的日子里也许会提出比我们现在这些更先进的教育方法，但我们应该顺应自然规律来对待我们的孩子。

现实生活中，母亲对孩子的影响是很大的，孩子在跟随母亲的时候，看着母亲如何与周围世界交流，他们在看的同时也会学着用他们看到的方法来与周边的环境交流；他们跟着母亲在很有安全感的情况下观察周边的环境，丰富自己的生活经验，不断成长。所以，不论是出于安全方面，还是卫生、健康方面来考量，限制儿童的活动范围都有害无益。人的潜能不可能在囚禁的生活中发挥出来，我们必须有意识地去改变目前生活中对待孩子的不良做法，摒弃以前的陋习，顺应自然规律，让孩子健康成长。

第二章　婴儿的成长

与其他动物不一样的是：语言是人类独有的特征，两脚直立行走也是人类一种基本特征。

人类的手与智慧紧密相关，它专门为人类的智慧提供服务。

婴儿第一次朝外界物体伸出手的举动从某种意义上来说是他第一次有智慧的举动，是他要进入这个世界的宣言。

儿童的理性提供了生命的原动力和能量源泉，儿童的本能让他们将各种体验随时整理排列起来，继而为理性服务。

儿童是在看到外面世界秩序之后才了解外面的环境，继而了解自身和外面环境之间的关系的。

大部分的人很少会去用心观察孩子的行为并予以理解。成人只有采取一种新的态度，改变自己傲慢的态度，才能找到这些谜底。秩序感，是人类与生俱来的，并不是出生后加以重点的教育才形成的。

如果环境不合适，孩子不能表达出自己明确的想法时，他们就会感到痛苦，一些有趣的事情也变得无法解释、没有价值。成人只有满足孩子的要求，才能发现孩子的这种萌芽状态下的敏感性。

孩子对秩序的强烈渴望就体现在这些生活中的小故事上，他们早熟的程度着实让人感到惊讶！他们对秩序感要求的强烈程度甚至比成人要强烈得多。

学校应该把一些不必要的东西尽可能地清理掉，这对养成孩子爱整洁的习惯非常必要，孩子只有在自由中对秩序的向往才会更热烈。

第一节　双手与大脑的发展关系

儿童最初的心理发展需要在环境中有一些能让他们看到和听到的东西，他们必须通过自身的运动和手的活动才能实现。因此，当我们看到孩子伸出手来探索这个陌生的世界时，不但不要阻止，反而要为他们提供一些活动的对象。

心理学家普遍认为儿童正常发展分三大步骤，其中开始走路和开始说话两种都跟运动有关。这两种复杂运动表现出儿童在获得运动功能和表达的方法上赢得了第一个实际性的胜利。

与其他动物不一样的是：语言是人类独有的特征，两脚直立行走也是人类一种基本特征。

人类的手与智慧紧密相关，它专门为人类的智慧提供服务。

工具的运用标志着有机体在生物发展史上进入了一个全新的里程碑，人类通过手把言语刻在石块上，使语言成为人类历史的记录载体。

双手的解放是人类的特征之一，人的手不再是运动的工具，而成了智慧的工具。手的进化使人在动物界中占有一个更高的地位，通过手的动作把人作为一个有机的整体显示出来了。人的手非常精细复杂，它在展现智慧的同时使人类跟环境形成了特殊的关系。

从某种意义上来说，双手使人类开拓了环境，在理智的指导下改变着周围的环境，进而完成了改造世界的使命。

所以说，根据儿童语言的出现和手的运用来评价儿童的心理发展水平，是很合乎逻辑的。

手在人类生活中的重要性随处可见。我们对以下情况一定不陌生：男女结婚时，他们携手许下对婚姻的诺言，把象征爱情信物的戒指套在对方左手的无名指上。在宗教仪式中，手更是得以大量运用，比方说，彼拉多不愿对耶稣的死负责就在公共场合里洗手，神父在祭坛上总是说：“我将在无罪的臣民中洗手。”在这里，人类的手被赋予了一种神圣的意义。

所有的例子都一致表明人们在潜意识中把手当作内在自我的代表。

婴儿第一次朝外界物体伸出手的举动从某种意义上来说是他第一次有智慧的举动，是他要进入这个世界的宣言。但成人往往害怕孩子的手伸出去，他们害怕孩子拿一些在他们看来无关紧要的东西，更怕这些东西会给孩子带来伤害。这种潜意识隐藏着成人的焦虑感，使他们在面对孩子的这种智慧举动时如临大敌，所以他们要么想方设法将孩子置于一个接触不到周围物体的地方，要么将衣服袖子或是用手套把孩子的手笼起来，使孩子无法碰到周围的东西。他们心安理得地认为如此一来能让孩子远离危险，殊不知他们的这个举动其实给孩子的成长发展设了阻碍。

事实上，儿童最初的心理发展需要在环境中有一些能让他们看到和听到的东西，他们必须通过自身的运动和手的活动才能实现。因此，当我们看到孩子伸出手来探索这个陌生的世界时，不但不要阻止，反而要为他们提供一些活动的对象。

然而，现实生活中孩子的家人却没有意识到这种需要，孩子周围都是成人所有、所用的东西，而且这些东西对孩子来说是不许碰触的，如果他们碰了成人认为不该碰的东西，他们就要受到责骂，甚至体罚。成人的这种做法的确可以减少自己的损失，却无意间给孩子的成长造成了重大的损失。

运动对于儿童来说不是一件偶然的事件，随着发育的必然，儿童的自我指导让他们建立了协调性、组织性和目的性，他们通过无数的协调实验，用自己内在的精神把表达器官和组织协调起来，继而实现自由、自主、独立完成自己的行动。

在孩子处理塑造自我的过程中，运动有一个专门的特征，不只是偶然性的或是一时间冲动的结果。

我们在生活中看到孩子通常到处乱跑乱跳，把屋子搞得一片狼藉。其实这并不是他们存心捣乱，他们是从其他人的活动中得到启示，产生建设性的活动，他们模仿成人使用身边的各种物体和工具。我们常常会看到他们试图扫地、洗盘子、洗衣服、倒水、洗澡、梳头、穿衣服等。他们的这些表现虽然是一种模仿行为，但它并不同于猴子或其他动物对人的模仿行为，它更高级地起因于一种有智慧的心理模式；它是有认识在先，然后才有后来的行动。孩子的心理活动是他们活动的支配者，不论他们做任何事情，在做之前，他们其实已经知道这是什么才去做它，他们很渴望能自己去做他们看到的其他人正在做的那件事情。

孩子的行为如此，他们的语言发展过程也具有异曲同工之妙。

孩子从听到周围的人谈话获得语言能力，他们的记忆力让他们记住了以前听到的词汇，帮助他们根据某个时候的需要来运用适当的词汇。这是一种需要智慧的行为。他们的这种行为与鹦鹉学舌又有截然不同的区别，孩子在语言上的模仿性质完全不同于其他学人类讲话的动物。

第二节　智力的增长

儿童的理性提供了生命的原动力和能量源泉。儿童的本能让他们将各种体验随时整理排列起来，继而为理性服务。儿童用自己最初的体验来完善理性，所以他们获得体验的需求是永不满足的。

虽然经验告诉我们不能忽视外部环境对儿童智力发展的重要影响，但儿童的智力发展并不是因为外部物体闯入感官大门而实现的，儿童绝不是一个被动的人。在儿童五岁之前，他们一直处在自我发展的敏感期，他们会积极观察周围的环境并从中吸收经验形成自己的知识，但他并不是被动地全盘照收，他们根据自身内在冲动的需要选择性地获取经验。

所以，从某种程度上来说，没有一个人可以看到一个物体的整个面貌——每个人因为个人的局限性，只能看到一个物体的部分状况。每个人在描述物体时，都是根据自我感觉和兴趣来考虑的，这就是为什么会在日常生活中对于同一件事物不同的人会有不同的看法。

儿童的理性提供了生命的原动力和能量源泉，儿童的本能让他们将各种体验随时整理排列起来，继而为理性服务。儿童用自己最初的体验来完善理性，所以他们获得体验的需求是永不满足的。

同时，这种理性的产生是儿童自发的运动过程，是一种由内部引发的现象，他们从无到有地发展他们的理性。这是人类特有的品质，在蹒跚学步的时候，他们已经开始了这项运动。

有这么一个例子：曾经有一个刚满月的孩子，在这天以前从来没有离开过他出生的那个房间。有一天，他被带到屋外，看到了自己的父亲和与父亲长相、身高都十分相近的叔叔，孩子当时觉得非常害怕，哭闹不止。他的父亲向我们求助，以消除孩子的障碍。

我们让父亲和叔叔在婴儿的视线范围内一直分开，一左一右地分开。婴儿转过头来看着其中的一个人，好一会儿，呵呵地笑起来。很快，他又忧虑起来，扭头端详着另一个人，不一会儿也笑起来。他就这样把头扭来扭去，小脸上的表情一时担忧一时欣慰，直到他彻底分辨出两个人的样子。

其实，我们不难理解婴儿的这种表现：婴儿的眼里，在这天以前，这两个男人曾经就是同一个人，他们没有同时出现在他面前过，却都单独地陪着他玩耍，给他关爱。当他们同时出现时，相同的面貌和体形让婴儿的小脑袋错乱、警觉起来。以他的认知，他不知道这到底是怎么回事，所以他才会担忧和不安。当他认清楚自己把两个人当成同一个人的错误时，他实实在在地体验到了人类理性的谬误和可笑，心理的恐惧感也随之消失。当他认清楚这个事实以后，他再看到叔叔和父亲同时出现的时候，也就不再害怕了。

还有一个故事是：一个七个月的孩子正坐在地板上玩一只绣有花和儿童图案的枕头，她兴冲冲地用鼻子闻着图案上的花，亲吻着图案上的孩子。照顾她的女仆以为给她更多的东西她会更高兴，但事实并非如此，孩子并不领她的这个情。此时的孩子正在学着识别图像，形成自己的模式，把她看到的东西存储到记忆中去。她当时的高兴和平静对她的理性构建很有益处，她正在获得这种内部秩序的时候，被女仆粗暴地打断了，所以她才会用自己的方式给成人以抗议。

更重要的是，孩子只有得到深刻而清澈的体验才能形成自己的智力。很多时候，由于成人的无知，可能使得孩子的这种基本欲望受到抑制。他们的一片好心在这个过程中不但没有帮上忙，还会让孩子受到阻碍甚至是伤害。

经过大量实验证明：一岁以前的孩子在他们周围的环境中能获得惊人的深刻体验，他们能从一些图片中认出所熟悉的环境，而他们一旦获得这种体验以后，对这件事情的兴趣程度就没那么强烈了。他们的这种特质会持续很长时间，这就是成人为什么常常会觉得困扰，成人们往往想不通自己的孩子在一件事情上面为什么会那么没有恒心、不能坚持下去。

第二年以后，孩子开始对我们不注意的小物体发生兴趣，他们不再对一些漂亮的物体和鲜艳的色彩感到欣喜若狂，他们的眼睛看到的那些事情往往是我们平时没有注意到的。

这是有案例可以证明的：一个十五个月左右的小女孩儿有一天在花园里放声大笑，她的母亲惊奇地发现她并没有看花，而是盯着地上在笑。母亲慢慢走近她，想要从她面前的那堆砖头上找到令孩子大笑的原因，但她失望地并没有什么发现。

小女孩儿指着一个地方，她告诉母亲那里有一只会动的小东西。母亲直到这时候才看到了一只跟砖头颜色一样、小得几乎看不到的昆虫。

与她的经历相似的是一个同样十五个月大的小男孩儿，他当时正玩着母亲收集的色彩鲜艳的明信片，突然，他指着一张明信片告诉我说上面有汽车。

我看了老半天，发现明信片上有各种动物、各种建筑，却没有发现上面有汽车的图片。我感到很奇怪，向他请教汽车在哪里时，他指着一个几乎看不见的小黑点告诉我：这就是汽车。我仔细分辨了一下，根据图上的情形确实可以理解为那是一辆汽车，它小得简直很难发现。

在儿童两岁的时候，他们的天性会渐渐通过一些阶段来引导智力，直到他充分理解周围环境中的东西，这种活动才会暂停。他们和成人明显地具有两种不同的观察视野：成人总是自以为是地给三四岁的孩子看一些再普通不过的东西，还扬扬得意地以为孩子以前从来没有看到过这些东西。这种做法可笑得就像一个人认为另一个人耳朵听不见就对着对方很大声地说话一样。大声说话的那个人做了很大的努力，却只得到对方的抗议：我又不是个聋子！

这也就解释了为什么生活中很多父母总抱怨他们的辛苦付出得不到孩子的理解，迎接他们的反而是孩子的不耐烦和叛逆回应。

成人总认为儿童只对色彩艳丽的、响声巨大的物体感兴趣。其实，这些强烈的吸引是外在的，而且会转瞬即逝的，它们不会给儿童的注意力带来任何好处。

儿童的心灵对成人来说是一个深奥难解的谜，因为成人总是以成人的眼光来看待事物和他的孩子，总是以领导或裁判者的身份出现在孩子面前。

大部分的人很少会去用心观察孩子的行为并予以理解，成人只有采取一种新的态度，改变自己傲慢的态度，才能找到这些谜底。

因为成人知道选择而儿童还不具备这种选择的能力，所以儿童的个性与成人的个性在性质上是截然不同的。因为成人对细节不感兴趣，很多时候孩子反而会认为成人有些无知。一个注意细节的孩子还会带着点轻蔑来看成人，在他们眼中，这些不注重细节的成人是迟钝、麻木的。如果儿童能像成人一样充分发表自己的看法，他们少不了会像我们极不信任他们一样地不信任成人。因为成人和孩子的思维方式不同，相互之间又不能理解对方，所以成人和孩子之间的相处会出现很多问题。

第三节　对外部世界秩序的认知

秩序感是人类与生俱来的，并不是出生后加以重点教育才形成的。

儿童是在看到外面世界秩序之后才了解外面的环境，继而了解自身和外面环境之间的关系的，讲秩序、热爱秩序，是他们的一个特点。可惜的是，大人们并没有意识到他们的这种特质，更没有适当地引导他们对周围环境秩序的需要。相反地，大人们眼中的孩子往往是破坏成人世界秩序的元凶，他们生怕孩子会破坏他们世界里的秩序，对孩子的出现抱着高度警惕和紧张的态度。

婴儿比大孩子甚至成人更能敏感地觉察到周围环境的混乱，随着他们长得越大，敏感程度就越差，直至消失。在成长过程中，这种敏感会周期性出现，遗憾的是，孩子考虑外面秩序的敏感期通常被成人认为是混乱不堪的。原因很简单：这个环境不单只属于孩子，他们对自己在这个环境中的位置无法指明，而同一环境下的成人往往比孩子更为强大有力，成人不会用心去理解孩子的担忧，反而认为孩子是任性的人。孩子只能把大人不知道的这些秘密埋在自己的心里，他们不得不压抑自己的诸多有建设性的想法，服从于成人的指令，成人又在无意识中成了孩子成长的绊脚石。

学校应该把一些不必要的东西尽可能地清理掉，这对养成孩子爱整洁的习惯非常必要，孩子只有在自由中对秩序的向往才会更热烈。

有一个故事是这样的：一个四岁的孩子把水从一个容器里倒进另一个容器，他没有注意到自己在倒水的过程中把一些水洒到了地上。一个比他还小的孩子拿着一块抹布坐在地板上将地上的水擦干净，当四岁的孩子停止倒水时，更小的孩子问他：还有吗？大孩子一时间搞不明白对方在问什么。

所以说，秩序感，是人类与生俱来的。

可是，如果环境不合适，孩子不能表达出自己明确的想法时，他们就会感到痛苦，一些有趣的事情也变得无法解释、没有价值。成人只有满足孩子的要求，才能发现孩子的这种萌芽状态下的敏感性。

对秩序的敏感期出现在婴儿降生后的头几个月，负责照顾孩子的成人很有必要学学这方面的心理学，这样才能更正确地给成长中的孩子提供他们成长过程中需要的帮助。

在孩子的秩序敏感期里，他们的挫败感就能很清楚地表现出来了——他们常常发脾气，多数情况下可能就是由于他们的敏感性而引发的。

我的生活中有一个案例。有一个刚出生几个月大的婴儿，他总是躺在一张有些倾斜的大床上，这个倾斜角度能很好地随他自己意愿去俯视四周。有一天，来家里做客的一位女客人把自带的雨伞放在旁边的桌子上，孩子看到雨伞便开始哭闹，大人们不知道孩子的意思，还以为他是喜欢它。可当客人把雨伞放到他面前时，他却推开了它，大人只好把雨伞放回桌上，把孩子抱起来靠近那把雨伞，孩子仍然哭闹不止，还不住地挣扎，他对雨伞并没有表现出什么兴趣来，直到孩子的母亲把雨伞拿出房间，孩子很快就老实了下来，停止了哭闹。

原来，是雨伞放错了地方引起了他的烦恼，它的出现严重地违反了孩子记忆中房间平时的秩序，就是这个原因让他不安地哭闹了许久。

还有一个同样是关于孩子对秩序敏感的故事。

有位年轻的游客妈妈打算带着她一岁半的孩子走完地下洞穴，她没想到的是：孩子很快就走累了，妈妈只好抱着他往前走，因为运动量加大，热得她脱下了身上的外衣，并把它随意地搭在了另一只没抱孩子的手上。孩子突然哭起来，任由同行的人怎么哄都无济于事，他反而越哭越响，哪怕换姿势、换人抱他也没有用。凭着多年积累的育儿经验，我建议孩子的妈妈穿上外衣，妈妈虽然不理解为什么，还是听从了我的意见。奇迹出现了：她穿好外衣的那一刻，孩子马上安静了下来，不哭也不闹了。

原因很简单，妈妈身上突然失去的秩序让孩子觉得很混乱，这种现象给孩子很不和谐的困扰，给他形成了障碍，他还不会用言语来表达自己的不安，只好用哭闹来表示自己的抗议。

显而易见，孩子对秩序的强烈渴望就体现在这些生活中的小故事上，他们早熟的程度着实让人感到惊讶！他们对秩序感要求的程度甚至比成人要强烈得多。

我经常在我们学校看到这样的事情：如果我们把什么东西放错了地方，看见它的孩子会自己把它捡起来，把它放到指定的地方去，他们细致到甚至连成人和稍大一点的孩子都不曾注意的地方！比方说，如果一块肥皂被放在肥皂盒以外的其他地方，或是椅子被放得歪歪斜斜的，小孩子看到了通常都会很自然地过来把它们放好。

这些被放得乱七八糟的东西似乎会刺激孩子的神经，使他们不得安宁，看到没有被放回原位的东西，孩子们会自觉自愿地把它们放回去。因为，在孩子的思想里，东西放在指定的地方就是秩序，当他们意识到自己周围环境中的东西所应摆放的位置，并记清它们的位置时，孩子的秩序就产生了，也就意味着他们将会熟练适应自己的环境。

儿童对秩序的热爱超出了成人，在儿童的认知中，秩序的混乱是极其痛苦的，是对心灵很深的伤害。这个问题对孩子来说甚至严重到生死攸关，但对大人而言，秩序不过是一个影响他们是否快乐和是否舒适的小事，一些对生活影响不大的秩序常常会被大人忽略掉，即使成人对这些影响不大的秩序混乱有所察觉，他们也懒得去理会、去改变。不得不承认，成人在这方面的积极程度远不及孩子。

孩子们努力了解周围环境的各个组成部分，并根据自己明确的原则去行动，他们需要在一个环境中获得有关的规则，继而在这个环境中得到进步的发展，这对他们来说至关重要。

瑞士心理学家皮郭教授对自己的孩子进行了一些实验。他曾经把一些东西藏在了一把扶手椅子的坐垫下面，他先让孩子走出房间，趁孩子不在的时候把东西转移到这把椅子对面的扶手椅的坐垫下面。他认为，孩子回房后会先到第一把扶手椅的坐垫下方去找东西，找不到时会自然地到对面那把扶手椅的坐垫下边去找。

让他意外的是，孩子在第一把扶手椅坐垫下边找完以后就直接告诉他找不着，根本不去其他地方接着找。

教授把这个实验又做了一回，他让孩子亲眼看到他从第一把扶手椅坐垫下拿出东西转移到另一把扶手椅坐垫下边。

让人不解的是，实验的结果还是跟第一次的一样。

其实，孩子的想法很简单，他不想寻找什么，因为在他的认知中，这个东西跟自己一点儿关系都没有，看不看到都无所谓。他关心的是这个东西有没有放回原处，认为是自己的父亲不遵守游戏规则。他认为这个游戏其实很乏味、很无聊。

我们看到一些两三岁的孩子玩捉迷藏的游戏，他们常常很激动，高兴得不得了，满怀希望等着同伴找到他们。他们进行游戏的方式却很有意思：一个孩子在其他孩子的面前先藏起来，其他孩子走出房间，再次回到房间时他们直接到同伴藏身的地方把对方找出来，然后大家都高兴得大声尖叫。他们一遍一遍地轮流着重复用这种方式进行这个游戏，有一次，我应邀成为他们中的一员，我自以为是地藏到一个不是他们每次藏身的地方，而是换了一个地方躲了起来——在我的认知中，让他们找不到，才达到了捉迷藏的游戏目的。

过了好一会儿，我看到他们真的找不到我了，并自己从藏身的地方走了出来，没想到他们的表情又失望又迷惑，他们甚至用责备的口气问我："你怎么不跟我们玩呢？你怎么不藏起来呢？"

我后来才意识到，孩子在某个年龄段他们以在自己指定的地方找到那些东西为快乐，这些东西藏起来就意味着看不见这东西了，重新发现这些东西给他们带来了一种和谐的秩序感，不管看得到还是看不到，东西就该放在它应该被放好的位置。

孩子对秩序感的内在敏感性是自然界赋予的天赋，它是通过自我感觉而形成的天性，它不是物体本身，而是对各种物体之间的关系的区别和认识。孩子有看到一个整体环境的能力，他们也会认识到在这个环境的各个部分是相互依存、不可分割的，他们在这个环境中才能感到适应，行动才更具有目的性，所以，他们很需要这个整体环境。

这就如人们只知道区别一个个的物体，对它们之间的联系却没有丝毫了解，他们会觉得自己处于混乱之中无法摆脱。

儿童与生俱来的工作本能使得他们在适应环境的同时在环境中找到适合自己的生活方式，自然界在孩子对秩序的敏感期里给他们上了第一堂课，以便他们在世界上寻找方向。大自然同时还赋予孩子正确使用语言的技巧。当然，人的心理演化不是一下子达成的飞跃，它是在敏感期里打下基础才发展起来的。

第四节　内部秩序

孩子在敏感期内已经具有精神的力量，他们并不像成人眼中所觉得的什么都不懂，在他们的世界里，已经形成了很多成人没有认识到的、无法理解的精神状态。在这段时间里，孩子具有天然的创造力。

儿童具有外部和内部两种秩序感，前者是儿童认识到的自己与周围环境之间的关系，后者是儿童认识到的自己身体的各部分和它们之间相应的位置。

人类的内部秩序感又被心理学家们称之为“肌觉”，它的形成需要有一种特殊的记忆，这种记忆又被称为“肌肉记忆功能”。

因为这些肌肉记忆，人类可以随意活动。

研究显示，儿童具有的与他身体的各种姿势和位置有关的特殊敏感性早已被自然赐予了。通过观察我们会发现，孩子周围的环境对这种创造性发展会造成一定的阻碍，这正说明孩子的这种敏感期的存在和它本来具有的敏感性。

遇到周围环境的阻碍时，孩子会像生病了一般很不耐烦。孩子的这种情绪在成人眼中多半被视作不乖的表现，大部分的成人不认为孩子这时候需要得到我们的帮助，相反，成人在这种时候还会对孩子实施惩罚，这更加重了孩子的负担。如果这种阻碍一直持续下去，就会对孩子的成长造成不利的影响。所以，在日常生活中，我们必须及时发现这些问题，并给孩子提供必要的帮助。

我听过这样一个故事：一位保姆因为需要请假，所以临时找了一个替代者。尽管这位替代者用心地为孩子做好了每一件事，但她每次给小孩儿洗澡的时候都会遇到麻烦。孩子不安而绝望地拒绝她的靠近，对她的真心付出一点儿都不买账。孩子的表现让成人难以理解。而原来的保姆回来以后，孩子又马上高兴地洗澡了。

事情的结果让人觉得很奇怪，事情的原因却很简单：新保姆在给孩子洗澡的时候用的动作和前保姆是相反的——第一位保姆用右手洗孩子的头，用左手洗孩子的脚，新保姆的动作正好相反。两位保姆在细节上的秩序变更让孩子很不适应，所以惹得他如此不配合。

还有一个更为严重的例子。故事中的孩子不到一岁半，他和家人完成一次长期旅行回家后就开始生病了，开始的时候是晚上失眠、反胃，一到晚上，就像胃痛一样不停地哭泣。因为他还小，他的父母无法跟他进行言语上的沟通，无法得知他哭闹的原因。父母请来医生给他进行了全身检查，也没有找到病因。家人给他买了好多好吃好玩儿的，带他进行日光浴和散步等，仍然无济于事。孩子后来严重到在床上打滚抽搐，却又因为年纪小还说不出自己的烦恼。家人不得已，请了一位著名的儿童精神病专家。

专家问清了旅行途中的一些状况，发现旅途很顺利，并没有发生过什么让人感觉烦恼或恐惧的事情。晚上，他们住在高级宾馆里，孩子睡在围着栏杆的幼儿床上……

回家以后，他们睡觉的房间很大，孩子和父母一起睡在一张大床上。

听了他们的描述，看到眼前孩子的痛苦，心理学家突然来了灵感，他拿来两只枕头平行铺开，它们的边角直起来像一张围着栏杆的幼儿床，为孩子盖上床单和毯子，把这张临时拼凑成的幼儿床靠在小孩儿的床角，孩子看见它，马上停止了哭叫，嘴里喊着“摇篮”，爬到里面睡着了。从此他的“病症”再也没有发作过。

睡大床让孩子失去了在幼儿床的围栏中所拥有的安全感，从而导致了他内部秩序的混乱和内心痛苦的冲突，这种冲突是一般的医生无法发现和治愈的。这个孩子是用他独特的办法表示了对不招人喜欢的秩序混乱的抗议，他不满成人把他抱离睡惯的床而放到一张没有围栏的大床上。他那看似严重得不得了的病情原因竟然如此简单。

这两个故事都说明了孩子敏感期内精神的力量，他们并不像成人眼中所觉得的什么都不懂，在他们的世界里，已经形成了很多成人没有认识到的、无法理解的精神状态。在这段时间里，孩子具有天然的创造力。

经验使成人变得麻木，已经拥有的社会地位和一切都使成人在对待一件事情上冷淡而迟钝。处于儿童期的孩子们却还在感知印象的贫乏期，他们一无所有，又感到创造的艰辛，所以孩子和成人的秩序感并不相同。换句话说，孩子的秩序敏感性比成人强烈得多。

从一无所有到丰富的未来，孩子做出了巨大而艰苦的努力，可惜成人们往往感觉不到在这个接近生命源泉阶段的孩子们的创造方式，而这一切，无论日后人们花多大的努力和代价都无法追回，也没有什么行之有效的方法能对此加以补偿。

第五节　心灵的构建

父母对孩子的付出同时又是一种收获，也是生命的本性，它比适者生存的竞争关系要高尚得多，是一种特殊的本能，是上天赋予的自卫能力，是一种神奇而神圣的感情，更是物种延续的原因。但现代生活中，大自然所赋予母亲的本能大大地受到了抑制，甚至已经消失。

生命的旅程就是：孩子的生命初始于成人，又结束于成年。

孩子是在爱的氛围中来到这个世界的，他们先是父母爱的结晶，出生后又被父母的爱所包围。这种爱不是理性的考虑，也没有任何人工因素，它是一种自然而然的感情，与慈善家和传道士、社会活动家所倡导的爱不一样。父母对孩子的付出同时又是一种收获，也是生命的本性，它比适者生存的竞争关系要高尚得多，是一种特殊的本能，是上天赋予的自卫能力，是一种神奇而神圣的感情，更是物种延续的原因。成人对自己孩子以外的人不会产生类似的情感，也不可能有对待自己孩子一样的行为加诸其他关系的人身上。

人类胚胎的形成过程是：受精卵一分为二，再由二变四地不断分裂繁殖。这个过程就像建造一栋房屋必须先积累许多砖块一样，当细胞分裂到一定数目时，就筑成了三道墙，然后在墙内开始构筑器官。

这个过程开始于一个细胞，环绕这个细胞进行疯狂、快速的分裂。当这种猛烈的活动停止时，身体器官就产生了，当不同的器官依次形成时，就出现一种力量使它们相互吸收并结合在一起，它们互相依存又相互促进着，胎儿就这么形成了。所有的高等动物都遵循着这一原则构筑器官，自然界也只有这一种构筑规则。

人类心灵的发展也遵循着这个路径，从虚无中开始。

在新生儿内部一开始并没有任何现成的东西，新生儿的身体不断收集材料，经过心智的吸收，当这些材料积累到一定程度，就出现了许多人们无法想象的基本点。

而现代生活中，大自然赋予母亲的本能大大地受到了抑制，甚至已经消失。这绝不是危言耸听：过去，母亲依靠本能帮助孩子在婴幼儿时期发展，走到哪里都会把孩子带着，时刻为孩子成长创造所需要的环境，她们在忙活自己手上事情的同时又用母爱保护着孩子。因为各种生活原因，如今的母亲已经失去了这种本能，人性也趋向于退化。有钱人家的父母为了自己省事会把孩子交给专门的保姆来负责照顾，他们尽可能地给孩子买最好的东西，却忽视了孩子对亲情和母爱的需要。任何其他的物质供给都代替不了父母对孩子那种天赋的爱，任何专业的人对孩子的照顾都取代不了父母与孩子之间存在的关系。所以，我一再地呼吁母亲们要恢复这种本能，在孩子出生后给予心灵的保护。不要把孩子交给受过训练的护士，他们的护理尽管十分合理和卫生，也只能在表面上满足孩子的生理需要，而对孩子的心理成长来说，他们任何专业、精心的付出都无法与亲生父母相比。如果过分依赖这些护理人员的照顾，可能会引起孩子心灵的匮乏。这也就是一些富有家庭的孩子为什么最终表现出让人无法理解的怪异性情的根源。

在荷兰某城市就发生过这样的事故：有一个机构将一些失去父母的孩子安置在管理很科学的地方，他们提供了受过最新理念训练的护士照顾孩子，还提供了营养丰富的食物。但不久以后，这里发生了大范围的疾病，很多孩子死了。与此不同的是：那些由低收入父母照顾的孩子生活条件远远不比前者，却很健康地成长着。

好在该机构了解到了事情真正的原委，并立刻做了补救，护士们开始学着像母亲一样亲近孩子，她们发自内心地爱孩子，并结合科学的养育方法，终于使孩子恢复了健康。

第六节　精神的胚胎

一个物种之所以存在，是因为它和其他物种之间存在不同。人类之所以能区别于其他各种生物，也是因为人类与其他物种之间存在着差异。

婴儿从母亲的子宫里降临到这个精彩的世界，这个出生过程只是在肉体方面，而精神方面还处于形成时期。

这段经历不同于他们在胚胎里的成形过程，也不同于后来要经历的、生活的精神发育过程，所以，我们暂且把婴儿称为“精神胚胎”——这是相对于他们在母亲体内的生理胚胎而言的。

从这方面来说，人类要经历两个胚胎期：一个是和其他动物一样会经历的、出生以前在母体里的胚胎期，另一个则是在出生之后，也就是我们前面提到的精神胚胎期，这种能力其他生命都没有，是人类特有的。

一个物种之所以存在，是因为它和其他物种之间存在不同，人类之所以能区别于其他各种生物，也是因为人类与其他物种之间存在着差异。

一个新物种的产生，它不但会继承同类物种的基本特征，同时还具有旧物种所没有的特征，如此就形成了物种的进化。

每一个新物种的出现，都会推动生物界向前一步，就如同鸟类和哺乳动物一出现，动物世界的状况就大为改观一样。

恐龙灭绝以后，鸟类继承了它们原来的一些特征，也带来了一些新的生存技能。比方说，鸟类比恐龙更会保护自己的卵和后代；而哺乳动物则是从鸟类发展而来的，它们比鸟类更加强了对幼崽的保护，把幼崽存放在体内，用自身的血液滋养它们。人类是哺乳动物继续进化的结果，人类与其他动物最大的不同就是，婴儿有两个胚胎期，而其他生命都没有。

如果说人类的运动依赖于精神和智慧，这种精神力量和创造性智慧就是人类生存的支点，其他的行为和活动都以此为基础，人类的发展也以这一精神为前提。

新生婴儿具有一种与成人不同的、特殊的心理类型，他们可以像成人一样具有学习能力和根据周围环境塑造自己的能力，其中的区别在于：对于成人来说，外在的环境是客观的，需要观察和思考，很少感受到它们与自己的联系，对之无动于衷；儿童对周围的环境则不会加以区分，他们记住并吸收周围所有事物，把对事物的感知变成自己个性的一部分，凭借对环境的感触来完成自我塑造，使之成为心灵的一部分。

婴儿对环境的记忆是无意识的，而且具备一种天赋的吸收能力。

婴儿对语言的学习就是证实这种特殊记忆的最好例子，他们不是记住了话语的发音方法，而是形成了自己的发音能力，掌握了相关的语法规律，并且能根据需要熟练运用。

成人要掌握一门外语需要艰苦的训练，而且，一段时间不使用这门语言的话，他们原来对这门外语的掌握程度可能会大打折扣，时间久了可能会完全失去使用这种语种的能力。可儿童并没有像成人那样对语言进行研究和记忆，他们一旦开始说话，就完全遵循语言法则和特殊用法，他们还不会有意识去想要怎么学，却在无意识中将语言形成了自身的一部分。这是因为他们对周围环境有特殊的敏感性，这种感受能力使他能够观察和吸收周围的事物，并逐步适应它。所以，我们说生命的第一个阶段就是一个适应的过程，婴儿一旦适应了某种环境，就会在他们的身体里留下永久的痕迹，直到他们离开这个世界方才消失。婴儿的这种能力是成人无法与之相比的。

这个适应本身就是一种特殊的能力，它与成人的适应行为有很大区别，它把孩子的出生地变成他永久的家园，以后不论这个孩子长大以后最终到哪里定居，他对出生地的那种感觉是永远都不会消失的。如果是一个成年人换一个国家生活，他就无法像婴儿那样适应一个新世界，他的心里总有一种抛不去的陌生感，除了故乡以外的任何地方，他都找不到那种完全适应的感觉。所以，那些跑到外国的传教士总是说自己身在异地，是一个孤独的异乡客。这充分说明了成人的适应能力是有限的。与之相反的是，儿童却不管他们出生在什么地方，不管他周边的生活多么艰辛，他们总能与周围建立深切的联系，总会从中找到无穷的乐趣。

可见，对家园的怀恋和喜爱形成于儿童时期，他们一旦长大成人，他的成长经历使得他只属于这一块地方，在除此之外的别处，他都无法找到同样的快乐。

意大利统一之后，大批农民走出祖祖辈辈都没有出过的家门到其他省份去谋生。他们在外地找到工作，结婚、生子，定居下来。大部分人到了晚年都得了一种怪病，他们面色苍白，压抑、虚弱、贫血，用尽各种医治方法都不见效。他们中有的人接受了医生的建议回家乡走走，这些人在回家乡以后不长的时间里，大多数就恢复了健康。不管是家乡的空气和环境治好了他们，还是他们回来以后变得平和愉悦的心境影响了他们的身体状况，这大概就是来自他们儿童时期潜意识里对出生地的吸收。

由于这种心理能力的发现，人们了解了婴儿对身边事物的学习过程。

人在童年期形成了对生活环境、文化习俗的适应。

儿童的行为发展需要适应时间和地域的要求，还要适应当地的风俗习惯，他们长大以后就成了一个典型的当地人，拥有这个地方的人们共同的特点。

每个地区的人都拥有其他地区人不同的文化观和生活习惯。比方说，印度人有对动物的崇敬，虽然欧洲人也会认同要尊重生命这个观点，但要想让欧洲人像印度人一样敬重牛，只怕是件永远不可能实现的事情。

世界上有很多种宗教，各地的人们往往尊崇不同的信仰。

从文化角度来看，这种感情有历史的传承因素，但就个体发育而言，这种心理特征却不是来自遗传，它是婴儿时期从环境中学习得来的，人们吸收了环境的特点以后将这些特质表现在自己生活中的言谈举止当中。

也正是因为如此，才会有典型的中国人、法国人、美国人、意大利人……这种情感来自婴儿期的一种神秘的精神力量，也就是心理学家称之为“记忆性基础”的东西。

婴儿通过吸收环境中的某些东西，使它们成为个性的一部分，永远存在自己的头脑之中，即使后来的生活中不再使用，还是会留存在潜意识里。婴儿期形成的东西是无法从脑子里完全剔除的，它将永远地印刻在这个人的脑子里，它将成为人们个性中的一部分。这种记忆性基质不仅创造个性，还保持这些特性的生命力。

记忆性基质对人的成长发育的影响同时还体现在人的动作、神态、步态等方面，每个人在这些方面都会有完全不同的表现，不同种族的身体语言和精神趋向都会有所不同，儿童期所学习的东西将在人身上留下永久的烙印。比如，非洲某些土著部落的人都具有一些对付猛兽的特殊心理倾向，他们比其他地区的人拥有一种自然地对付猛兽的心理；有些部落成员的听觉异常敏锐，他们能听到很多一般人听不到的声音，感觉到一般人感觉不到的危险来临。

所以说，企图改变一个人儿时所习得，是徒劳的。

虽然平时人们对某些人身上的一些陋习当着面深恶痛绝地指出来，甚至不惜伤害对方的自尊以求他能改正这些缺点，但很多时候，因为这些缺点跟其他个性特征一样根深蒂固地种在了当事人身上，所以他们是不会真正改变自己的缺点的。事实上，他们也无法改变这种自然规律。

婴儿从降生起会很快地适应当时的文明，不管当时的文明是高是低，孩子终究都会变成与他当时出生的年代的文明相适应的人。人类个体力图为自己建立一种能融入世界之中的行为模式。

所以说，如果想要引入新的思想或是改善人们的生活习俗，就必须从儿童开始。在成人身上，是不可能完成这一任务的。

因为儿童有如此大的可塑性，人类可以通过对儿童的影响来改进社会。

我们更应该注重幼儿园的教育，给他们提供适宜的成长环境——儿童的个性发展是通过对环境的吸收进行的，对儿童的教育应该以环境为载体。

生物学的研究表明，即使是最低等的生物，都有一定的心理力量和特定的心理反应，就连单细胞生物都存在感知能力，也存在心理活动，这一特性已经得到了普遍的承认。

婴儿是不由自主地从母亲的子宫里来到这个世界的，一旦降生，他们就不得已被强制脱离以往熟悉的生存环境，要生存下来就必须适应新的环境，这个过程的痛苦感受他们却表达不出来。我们一定以为他们还没有明确的意识，不知道出生的痛苦，但心理研究表明，婴儿的潜意识里对此肯定有所感觉。所以他们一出生就大哭，以此来排解这种不能言语的痛苦；在给新生儿洗澡的时候，他们的手上会做出抓的动作，好像在害怕自己会掉下去一样，这个反应就是他们出于内心的恐惧，也说明了婴儿从一出生就对周围的环境有所知觉，因此，我们很有责任帮助初生婴儿适应这个世界。

从婴儿的出生发育过程结合其他哺乳动物出生和成长的过程可以看出来，动物的生存本能在刚出生的时候就被唤醒了，他们的学习和成长过程是生命本能的行动在促进它的发展，而不是环境刺激了它的适应本能。

剪断脐带就是剪断婴儿与母亲的直接联系，是出生的明显标志。出生使生命的潜在力量觉醒，促进儿童（或者说是精神胚胎）进行创造性活动。

婴儿与其他哺乳动物幼崽一样具有一种潜在能量，这种潜能的迫切需求促使他开始生命行为，使他在与环境的交流中形成个性，完成自身成长。虽然这种潜能形成的要求极为强烈，却是无形的，是生命的本质。所有动物都会从自己的种属得到这种能量，他们借此开始生存活动，支配自己的行为，选择适当食物，运用特定的防御方式……物种用这种方式得以代代相传地延续下来。

人类要生活在社会环境里，儿童必须在社会生活开展之前就学习生存技能，这些东西不是先天性的行为模式，需要在出生后渐渐形成。

儿童在身体发育的漫长过程中不断完善自己，一系列人类的本能将在婴儿身上形成，直到他们成为一个真正意义上的人。

因为婴儿的记忆里没有来自遗传的东西，婴儿出生之后必须自己构建精神世界，建立对外表达机制。

科学家考格西尔发现，人的胚胎发育阶段，神经中枢先于人体器官形成，儿童做出某种行为之前，支配这种行为的心理类型就已经形成了。婴儿成长的起点在精神方面，而不是身体方面。

人与动物的最大区别是智慧。

人的活动不会依从本能，而是由自己的精神意志支配，因此，婴儿出生后第一件事情就是形成自己的精神世界，其他的发展都是次要的。

从运动机能来看，婴儿的许多骨骼还没有硬化，脑髓磷脂没有覆盖住运动神经，不能把大脑的行动指令传出去，他们的身体反应迟钝，器官远没有长成，所以他们需要较长的哺乳期。和其他哺乳动物一样，婴儿一旦脱离母体就开始适应环境的活动，他的首要任务是开发智力，这是人体其他器官发展的基础。

所以，从某种意义上来说，对人而言，没有什么比生命的头一年更重要的了。

婴儿发育的每个方面都有一定的规律。

研究发现，婴儿的脑门软骨组织并不是一出生就闭合着的，必须在出生一段时间后渐渐合缝，当这些骨缝吻合之后，身体结构才开始发生变化，骨骼的硬化也渐渐完成。刚出生时婴儿的小脑很小，当骨缝吻合之后，脑髓磷脂将脊柱神经覆盖住，小脑快速成长与大脑半球形成协调的比例，当内分泌腺形成时，与其相关的消化系统也就完成了。

人们知道，身体的成熟是一个连续发展的过程，生理的发育与神经系统的发展变化同步。举个很简单的例子，如果小脑没有发育成熟，儿童无法保持平衡，就不可能实现坐、站、走等行为。

婴儿的大脑指挥运动器官渐渐发育成熟，并尝试着进行运动，经过一段时间的练习，运动变得协调，能够正确执行大脑发出的指令，这是一个自然的过程。所以，在对儿童进行教育和运动练习时，不要对这个协调、适应过程设置限制。

人类不具备其他哺乳动物那样一出生就可以走、跑、跳的能力，却具有学习的天赋。人类可以通过学习掌握各种动作技巧，这些技能的获得是来自运动经验，而非单纯的运动器官的成熟。所以，并不是所有运动器官成熟的人都可以成为体操运动员、钢琴家等，很多特殊的运动技巧需要通过一定的训练才能形成。

人类的发展经历了心理发育和肉体器官的发育，最终由心理所控制。心理发育在肉体器官发育之前，并不依赖于身体的发育。心理发育的能量来自运动中获取的经验，离不开运动器官的使用和技能的发挥。所以，当儿童的运动器官长成，却被限制其活动，会阻碍其与运动相关的心理发育。虽然心理发育离不开运动器官的使用，但它的发育又是独立的，取决于个体将来要完成的任务。

人们常说所有婴儿刚生下来都一个样，可见处于精神胚胎阶段的婴儿都非常相似。新生儿的大脑与胚胎期差不多，细胞的分裂状态也处于相同的阶段，他们之间没有什么差别。

生命在胚胎阶段大致相同，在胚胎发育初期，很难区别两种不同动物的胚胎，差别是后来发生的，看似相同的胚胎最后长成了完全不同的各种动物。不论人们将来是什么身份、从事什么职业，所有人都是由大致相同的精神胚胎发展起来的。

人类暂时还不了解处于胚胎阶段的人，如果能根据未来需要给予这个阶段的人某种帮助，一定可以大大提高这个人的能力。所以，如果想在孩子一出生时就开始教育，一定要给予适应这一时期婴儿特点的条件。

根据医疗心理学理论，人们发现出生时期是一个具有决定性的时间段，它处于出生创伤、回归症状和成长阶段的压抑症状之间。婴儿无意识之中有一种回到母体中去的倾向，几乎所有婴儿在出生时都会感到不适应，他们的抗拒和哭泣就是明显的回归症状，他们留恋出生前的状态，拒绝成为人。

睡眠不仅是一种生理需要，也是精神避难所。当人们遇到难以克服的困难时，往往会渴望睡觉。虽然一觉醒来人们还是得面对睡前的事情，而这件事情并不会因为人们睡一觉而得到改变。

婴儿的睡眠期比成人要长是一种正常现象，但如果睡眠时间过长就是一种逃避的不正常，它表明婴儿对这个新世界的畏缩情绪。心理学家研究发现，不管是成人还是婴儿，睡觉时两腿缩在一起，把手放在脸的旁边，这种睡姿是回归子宫的倾向，婴儿大都是这种睡姿，而他们醒来的大声哭泣更说明了他们独自面对这个世界的恐惧感。他们用哭声告诉周围的人，他们害怕自己一个人面对这个陌生的世界。

这种现象也是另一个渴望回归的症状。

婴儿常常做噩梦，有的甚至会在梦中哭出声来，更说明了他们对这个世界没有好感。

成人对他人的依赖，害怕独处、害怕黑暗、害怕孤独，他们因为恐惧而相互依赖……这些都一定程度上说明人类一辈子都无法摆脱这种回归的渴望。

假如婴儿在早期对周围环境有一种畏惧感，郁郁寡欢，喜欢哭，老做不好自己的事情，这种症状一定会影响他的成长，甚至伴随他的一生。他们长大后会难以融入生活的世界，无法正常学习周围的世界，觉得人生很痛苦。他们比正常人需要更多睡眠，连呼吸都觉得压抑，做事有悖常理。他们不仅不能适应社会生活，还会报复社会。我们无法预知这种危险程度。

所有人格的缺陷都出于潜意识心理的负面作用，人们在记忆中找不到这些创伤，它们存留于人的记忆性基质之中，是人格组成的一部分。

初生儿和其他哺乳动物一样，在刚出生的几天里，母亲的关爱和抚慰能唤醒其生命的本能，他们的内心一定发生了重要的变化，这种变化激发了他们体内的潜能通过与环境的交流发挥出来。他们的知识从无到有，生命中存在着无尽的创造力。他们具备一种"星云"式的学习能力，能区别不同的发声，渐渐学会使用语言。

动物出生不久就掌握了所属物种的语言，而婴儿需要经过很长时间的学习才能够掌握语言。这说明，儿童在潜意识中储存着学习语言的能力，而非从遗传中获得了某种语言模式。这正如人类今天的文明是人类各代创造的积累，而不是来自遗传。

心理学家卡瑞尔如是说：博学的科学家无法通过遗传把知识传给儿子，科学家的儿子如果想成为科学家，也必须付出和其他孩子一样的努力；假如把科学家的儿子放在荒岛上，他们就会变得跟克鲁玛努人一样原始。

从某种意义上说，心理活动是一个有机体，心理活动的过程是有目的、有意识地从环境中吸收知识，以此完善自己。如果儿童对周围环境缺乏敏感性，他就不能发展这种对周围环境的适应能力，就会显得很反常，表现出回归症状。所以说，生命的最初几年，奠定了一个人心理生命的基础。作为父母的我们，一定要意识到幼儿出生教育的重要性，为孩子的一生打好基础。

第七节　心理胚胎的发育

在孩子成长的每个阶段里，现实环境中有一股强大的力量操纵了他们的心灵，这个环境中所发生的每件事对他来说都是一种阻碍。

婴儿长大成人是一个神奇的过程，从科学角度来看，新生命是个活生生的肉体，他有组织、有器官，并不是一片空白。在他的成长过程中，一种内在的力量启动着新生儿身体的能量，这个能量一旦启动，新生儿的手脚和大脑都开始运转起来，从此，孩子不但可以活动了，还有了表达思想的能力，这便是人的“内化”过程。

这世界上的每个动物在具有外在形体的同时还具备着潜在的本能，这些本能可称为“精神特质”。人类与其他动物在这种精神特质上的不同可以通过一个比喻来形容：现代机器可以快速、大量地制造某些一模一样的产品，而有些产品则是通过手工慢慢做出来的，它们每个都不相同，每个都有着独有的艺术魅力。这两者之间的差异就如同动物和人之间的差异：动物就像是机器大量制出来的产品，它们从出生就具有与同种动物相同的特性；相比之下，人类就是大自然手工造就的艺术品，不但制造过程缓慢，还不可能制造出一模一样的人，这些在形体上不尽相同的人还拥有各自不同的人格特征，如此多的不相同铸就了精彩纷呈的人类世界。

人格的形成是摸不着看不见的，至于每个人之间内在的不同特质是怎么形成的，至今还没有一个合理的答案，这些有待后来的科学工作者去发现。如果人类能找到人格形成的行之有效的方法，这将对日后改善教育方法提供确实可行的依据。

每个婴儿都是独立的个体，他们的身体里有着比其他动物更为复杂的构成和机制，他所具有的特殊意志使他顺利完成自身的转化工作。每个人长大以后的身份和职业都不相同，却都是以同样的方式被生下来到这个世界的，他们身上不同的个性促成他们去做了不一样的事情，最后成长为不同的人。

婴儿期的无助感会影响孩子的潜意识，对他们以后的生活产生严重的心理后果。很多成人会认为自己就是启发孩子内在特质的力量，他们为了发展孩子的智能不停地提出愿望，发出指令，赋予自己神圣的职责，深信自己在孩子生命活动中的地位，把自己神化了以后形成强烈的自傲。这样，其实不但帮不了孩子，还会让孩子蒙受许多不必要的苦难。

孩子早就掌握了通向自己内心世界的钥匙，成人很多时候没有注意到孩子在很小的时候表现出来的发展趋向和相当的心智天赋，这个时候如果大人无知地干预，只会白白浪费了自己的所谓苦心，更浪费了孩子的所有努力，还会严重地挫败孩子自我实现目标。

实际上，孩子完全有自己的精神层面，只是他们需要花些时间才能表现出他们的天赋，他们必须经过重重困难和长久的努力才能充分掌握和运用自己的心智。

在孩子成长的每个阶段里，现实环境中有一股强大的力量操纵了他们的心灵，这个环境中所发生的每件事对他来说都是一种阻碍，遗憾的是，这个时候他们得不到任何帮助。他们还处在心理胚胎期就不得不靠自身的力量来在所处的环境里求生存，他们此时其实像生理胚胎期一样需要外在环境的呵护，需要一个能容纳他、不会阻碍他发展的环境，向他们提供必要的保护，这才是我们作为成人的责任。

人类在其转化过程中将面对很多内在的挑战，这种存在的意志和思想将控制和激励我们被动的身体，因为这种力量，婴儿的大脑从此有了意识，开始对周围环境感兴趣，在自我的努力下，肌肉开始活动……

在这个决定孩子人格发展和定型的关键时刻，我们成人的责任重大，我们应该用科学的方法试着去了解孩子的心理需求，给他们创造一个符合他们成长需要的环境。

第三章　儿童的各种能力及其培养

儿童性格的发展离不开儿童自身的努力，这种努力与外部因素关系不大，是一系列的行为，主要取决于自身的创造潜能，取决于儿童的生活对这种创造力的影响是促进还是阻碍它的发展。人的心理发展取决于植根于潜意识之中的自然规律，这一阶段的人会遇到许多障碍，这些障碍对不同的人的心理产生完全不同的影响。

儿童在最初的两三年的生活最重要，这一时期所受影响将会影响他们的一生。他们如果在这一时期受到伤害，个性发展就会发生偏离，在发展过程中遇到的障碍会让他们出现性格异常。

儿童的个性是在三到六岁时通过自己的行为渐渐形成的，不是我们能教给的，也不是成人可以强制他们学习的。

性格不是可以随意打造的，我们能做的就是协助他们顺利完成这个过程，让他们的发展少受些阻碍。成人对儿童性格发展的影响甚微，只能在他们性格形成之后、能够理会成人的教育时通过说理和劝告对他们的思想施加影响。

这个世界上，不管是谁，要想在精神上获救，最终还是得依靠自己。

一个人的内在活动发生的作用越正常，他就越能成为一个有个性的人，也就越能培养出坚强的意志和健全的心智。

第一节 婴儿语言的形成

人类只是拥有语言这种特殊的机制，而非从一开始就拥有了语言，是语言机制让人类掌握了语言。

生活活动中，各种感觉器官都发挥着重要的作用，而对语言机制起作用的却不仅仅是这些看得见的运动肌肉、神经系统等东西。

从外部看，语言器官的构成有：接收语音的耳朵，发出声音的嘴、喉、鼻子。研究发现，与语言相关的两个中枢在生理和心理方面的发展都是分开的，就感觉中枢而言，听觉器官与某种心理能量有关，儿童在无意识中对语言的吸收得益于这种神秘的力量。

由于语言运动部分发育较为缓慢，出现得很晚，我们可以判断，儿童语言表达器官的发展是由于对语言的接收促成的。人不是生来就会使用某种语言，儿童首先要听到人们说话，语言器官的活动需要大脑接受的语音信息为条件，然后才能学会说同样的话。这表明，在这个现象背后一定有某种智慧的力量在起作用，这种力量的作用主要在心理方面表现出来。

大脑的这两个中枢最初不起任何作用，它们存在遗传的影响，它们属于语言机制的一部分，有着学习语言、表述语言的能力。人的语言机制除了这两个神经中枢之外，还有听觉这种特殊的感觉能力，它同样直接影响儿童的语言行为，从一出生就开始为说话做着准备。

作为接收外部声音的耳朵，结构非常精密，它有着 64 根长度不等的弦，按照一定的顺序排列，由于空间的限制，它呈螺旋形，它并不能对自然界里所有的声音都做出反应（只能感受到一定频率的声音），却完全能够准确地传递人类的语言。

初生儿对声音反应是很迟钝的，除非声音特别大，要不然他们不会有任何反应。他们的听觉器官有声音鉴别力，所以他们开始说话的时候只会模仿人类的语言，他们的大脑神经中枢只对语言敏感。狼孩就是因为从小生活在狼群中，从来没有听过人的声音，体内的语言机制没有被激发出来，所以他们即使回到人类社会中来，也只能够模仿鸟叫和其他声音，却无法掌握人类的语言。

人类只是拥有语言这种特殊的机制，而非从一开始就拥有了语言，是语言机制让人类掌握了语言。

生命的创造源于一种伟大的力量，这种力量赋予儿童记忆性基质，使得语言在一代代人之间传承。

婴儿潜意识里最先被刻进来的是一个个的音符，语法上称之为字母，其次是音节，然后是单个词语，再高层次的才是整句的话。

儿童在学习它们时并不明白其中的意思，大脑里似乎住着一个语言老师，他教孩子先从字母，然后到音节，随后是单词，最后是语法，如此循序渐进地教会了孩子语言。

在儿童学习语言的过程中，他们首先掌握的是事物的名称。学习语言其实是件很枯燥的事情，在大自然老师的指导下，孩子们却乐此不疲。这种浓厚的兴趣一直持续到三到五岁才进入到下一个发展期。

自然教儿童学习语言的过程和在学校里学习时完全一样，先是名词，形容词、连词、副词、动词不定式，名词格，前缀、后缀和所有语法格式，直到他们可以熟练地使用语言。两年的时间而已，孩子们在无意识的状态下居然能学会如此多的东西。他们并不曾下意识、认真地学习这些东西，却轻松地掌握了其中的规律，并得以灵活运用，这不得不叫人叹为观止。

一般情况下，婴儿从四个月左右开始意识到语音发自嘴里，他们开始观察成人嘴唇的动作，并尽力模仿。这些准备工作是孩子在无意识的情况下发生的，此时他们的发音器官还没有发育完备，不能像常人一样发出正常的声音，他们此时只是注意到了语言，并对语言充满了兴趣。当婴儿长到六个月的时候，他们的嘴巴开始发出“帕帕，吗吗”单音节的声音，常常被父母误以为孩子在喊爸爸妈妈了。在一段时间里，他们此前的所有努力发展到一个临界点，只能说出这两个词；直到十个月的时候，婴儿开始意识到他们所听到的声音里所具有的意义，并能感觉到这些话的意义，他们开始努力去理解其中的意思。

一般的儿童在一岁左右的时候开始说话，在这一年里，他们首先在无意识中学习语言，过渡到有意识状态，继而建立了自己的语言，虽然只是发出一些咿呀的声音，在表达上却渐渐有了目的，他们的思想也进入了意识状态，他们体内发生的变化远比我们看到的多得多。

此时，孩子学习语言的愿望日益强烈，他们开始意识到语言与事物的联系，试图冲破过去的无意识状态变成有意识状态，开始进入人生的第一次冲突，他们有强烈的交流愿望，却为无法达到这个目的而苦恼。

在儿童学习语言初期，身边的人跟他说话尤其要注意正确地发音、正确地使用语法，这样能够帮助儿童正确地组织语言，更好更快地掌握语言的能力。

一到两岁是儿童语言发展的关键时期，这个阶段照顾孩子的人必须具备语言发展知识才能与自然发展规律协调一致。可惜的是，我们往往不能理会正在学语中的孩子们的意思，孩子因此而愤怒了，他们为自己的不被理解而烦恼。当他们每次由于自身能力的局限感到无助而苦恼的时候，如果父母能理解他们表达的意思该是对他们有多大的帮助啊！

一岁半左右的孩子意识到每样东西都有名称，每个东西都有一个特定的词来表示。他们开始从听到的词语中分别出一些具体的名词，还会常常说出一些简单的拟声词，并用它们来表示发出这种声音的事物。比方说，他们在不会说出该种动物的名字时，往往会用“汪汪”来表示狗，用“喵喵”来形容猫。孩子们聪明地用成人听得懂的语汇来与成人沟通着，直到他们真正地掌握了语言。

在学会语言的同时，儿童还形成了条理，他们的心理从无意识转向有意识的时候，很多都需要条理化。在这个过程中，我们不能把孩子隔离开来，应该让他们经常与大人接触，听到符合标准的语言，这能帮助他们更快、更好地掌握语言的使用。

第二节　儿童性格的形成

孩子需要生活在能够引起他们兴趣的环境里，家长们的有些帮助完全是不必要甚至有害的，不必什么事情都帮孩子去做。只要孩子开始做某件事情，就别去打断他们。过分的关爱和过于严厉的教育，都不会给处于精神饥饿的孩子任何帮助。

西方传统教育理论认为，人的发展包括了智力教育、实践教育，还有性格教育。

研究发现，儿童性格的发展离不开儿童自身的努力。这种努力与外部因素关系不大，是一系列的行为，主要取决于自身的创造潜能，取决于儿童的生活对这种创造力的影响是促进还是阻碍它的发展。人的心理发展取决于植根于潜意识之中的自然规律，这一阶段的人会遇到许多障碍，这些障碍对不同的人的心理产生完全不同的影响。

我们认识到一个人从出生到十八岁可以分为三个发展阶段：零到六岁、六到十二岁和十二到十八岁。

从零到六岁这个阶段又可以分为两个小阶段（零到三岁和三到六岁两个阶段），儿童的心理发展在这些阶段存在着巨大的差别，个体之间不同阶段的心理发展也有很大的差别。

第一阶段是一个创造的阶段。刚出生的婴儿没什么性格可言，但性格在此时已经开始形成。人的性格一旦定型，除非他的生活发生重大变故，否则不会做太多的改变。这个阶段对人生最为重要，对性格的发展也是一样的，它将直接影响这个人的一生。

对于处在第一阶段的儿童，我们无法用好坏或是道德与否来评价。这个阶段的孩子还不知道什么是好、什么是坏，他们对自己所做的每件事情无法评判对错，所以，即使他们做错了些什么，成人也无须觉得大惊小怪，等他们平安度过这个阶段，事情就会得到改观。

儿童长到六至十二岁这个阶段开始接受了好与坏的观念，他们不但能评价自己的行为是好是坏，同时对他看到的别人的行为也会做出自己的评价。他们已经能够区分好与坏，也有了基本的道德意识。这种道德感将来会形成社会意识。到了十二至十八岁，孩子会意识到自己属于某个特定的群体，拥有了民族荣辱感。

这三个发展阶段之间存在很大的区别，每个阶段都在为下一阶段做铺垫，个体在一个阶段得到的满足感越多，下一个阶段的发展也就越充分。

所以说，儿童在最初的两三年的生活最重要，这一时期所受影响将会影响他们的一生。他们如果在这一时期受到伤害，个性发展就会发生偏离，在发展过程中遇到的障碍会让他们出现性格异常。

如果儿童在零到三岁的发展遇到了障碍，形成了心理和人格上的缺陷，最好的治疗时期是三到六岁，如果在三到六岁没有得到更正，这些缺陷就会一直保留下去，并发生越来越大的影响。到六岁的时候，这些缺陷会让儿童形成人格偏离等缺陷，影响儿童是非观念的形成，影响他日后的为人处世，以至影响他的整个人生。

所有的缺陷都会在人的心理和智力上留下痕迹，如果前期形成了缺陷，六岁左右的儿童会出现一些不正常的特征。如果孩子的潜能在第一个阶段没有得到发展，第二个阶段就会出现困难，在孩子身上就不会表现出这个年纪应有的道德特征，智力也会低于正常人，难以适应学习要求，无法形成自己的个性；到第三个阶段，这些缺陷将会带来更多的问题。

儿童性格缺陷分为很多种类，需要使用不同的方式进行治疗。

这些缺陷表现在能克服障碍的儿童身上，也会出现在不利条件面前选择屈服的儿童身上。前者会表现出反复无常，经常出现愤怒和暴力倾向。这种孩子一般不服从命令，有一种“毁灭性本能”的趋向，他们通常自私、嫉妒，有很强的占有欲，动不动就抢夺他人的东西；行为缺乏目的性，很难集中注意力，无法协调双手的活动，不安静，喜欢大喊大叫；心理很混乱，好胡思乱想，老是打扰别人，喜欢捉弄他人，对小动物或更幼小的儿童不友善；一般都很贪吃。后者则表现得很被动，显得消极、懒惰、懒散；总喜欢用哭的方式来求得别人的帮助，他们渴望得到别人的欢心和帮助，喜欢有人逗他玩；常常烦躁不安，对什么事情都感到害怕；经常撒谎，还喜欢偷东西；常常不吃饭，有的像完全没胃口，有的永远感觉没吃饱，这两种不正常的现象都会导致消化问题；他们经常噩梦缠绕，害怕黑暗，害怕独处，睡眠不好；这类儿童通常还有神经方面的问题，这些生理疾病产生的原因是心理疾病，所以很难用药物进行治疗。

不管哪种缺陷类型的儿童都不受成人的喜欢。有的父母为了摆脱孩子带来的这些困扰，有请保姆的，有把他们送到特殊学校去的。这些做法更加地让孩子感受不到父母的关心和爱护，对他们的成长更为不利。有些家长则对孩子更严厉地进行管教，打骂、不给饭吃是常事。这种粗暴的方法也只会让孩子更加不服管教，导致越教问题越多的现象。

父母在这一时期千万不能忽视孩子的需要，孩子得不到足够的机会充实自己的大脑，这饥饿的大脑会产生更多的问题。

出现性格缺陷的另一个原因是儿童得不到充分发展的机会，他们缺少创造性的活动。这些孩子一般都是被独自留在其他地方或是一个人待在家里，除了睡觉以外很少有机会做什么事情。父母抱着爱孩子的初衷帮他们把什么都办了，这种教养方式会产生更严重的后果，很多孩子会因此无端地产生一种恐惧感。

孩子只有在一个可以自由发挥的环境下才能够充分发挥自己的潜能，并持续地促进心理的发展，这样他们才能集中注意力投入到他们感兴趣的事情中去，以此让他们各方面更好地发展。

生活中诸多案例证明，儿童的性格缺陷都是后天形成的，而不是来自先天因素。

孩子的先天禀赋虽然存在着一定的差别，但并没有太大的不一样，他们身上表现出来的所有不正常的现象都是因为我们忽视了他们的心理生活，他们缺少必要的养分才造成的。

所以，孩子需要生活在能够引起他们兴趣的环境里，家长们的有些帮助完全是不必要甚至有害的，不必什么事情都帮孩子去做。只要孩子开始做某件事情，就别去打断他们。过分的关爱和过于严厉的教育，都不会给处于精神饥饿的孩子任何帮助。我们不能通过打骂他们或对他们进行一番说教就能让他们心情变得好起来，这样，对孩子的心理缺陷的纠正于事无补。

人类生活需要物质和精神两方面的营养，不同于依靠本能生活的动物，必须得建立自己的行为模式才能适应社会环境。儿童能够决定自己应该做的事情，他们在不断完善自己的个性，这些性格形成中出现的问题不可能用道德教育来解决。成人更不能出于道德教育的意图对儿童进行威胁利诱，这不但不会对儿童起到任何帮助，只会害了他。我们最需要做的就是，给孩子提供正常的生活环境。

第三节　儿童自己培育性格

道德被认为是人的本能要求，人自然要防止堕落。生活中，很多人愿意遵守前人的规矩或者习俗的戒律，或是寻求精神导师的指导。

儿童的个性是在三到六岁时通过自己的行为渐渐形成的，不是我们能教给的，也不是成人可以强制他们学习的。

性格不是可以随意打造的，我们能做的就是协助他们顺利完成这个过程，让他们的发展少受些阻碍。成人对儿童性格发展的影响甚微，只能在他们性格形成之后、能够理会成人的教育时通过说理和劝告对他们的思想施加影响。六岁的时候，成人可以开始对孩子进行说教。孩子在六到十二岁的时候开始形成道德是非感，到十二至十八岁的时候才开始接受成人的世界，这个时候才可以像对待成人一样给予他们说教。

让人遗憾的是，现实生活中，孩子性格成形之后已经难以接受我们的思想了，尽管我们对他们产生更多的影响，也无法直接对他们产生影响。

大多数刚进学校的孩子不具备良好的学习动力，他们不能集中注意力听老师传授知识，这让老师们很困扰。

其实，人类的行为不是一成不变的，他们总是处于发展之中，都有一种向前的发展倾向。只要我们把希望寄托在时间和我们的耐心上，利用好儿童具有的创造性，就能看到孩子一步步地朝好的方向发展。

生活告诉我们，有大成就的人都具备刚强的性格，身体也相对强壮，他们的身上都有一种明显的向完美发展的倾向；而那些性格较弱的人身上却有一种反社会或超社会的趋向，如果他们克服不了这种倾向，就会彻底堕落，他们需要道德力的支持，以摆脱堕落的诱惑。

道德被认为是人的本能要求，人自然要防止堕落。生活中，很多人愿意遵守前人的规矩或者习俗的戒律，或是寻求精神导师的指导。

人的行为受性格的控制，不断向着某个目标发展，人类和社会也在不断向前发展，这是自然规律。不管是在知识科学领域还是精神领域，只要一个人的发展到了一个新的阶段，就是对人类生活的推动。人类现在的物质和精神文明都出自一个又一个创造者，不论是地理发现还是历史的发展都在持续不断地前进。如果一个人的性格发展受到阻碍，错误就是在人类自己身上。所以我们要对人性有所认识，给儿童创造有利条件，让他们发挥天赋的创造能力。

第四节　孩子的意志教育

人类只有愿望而没有行动是不够的，行动才能让一切得以实现。意志有多少生命力，行动就有多强的力量。

我们如何来判断孩子是否已经具有了自己的意志？生活中我们对以下场景一定不陌生：孩子会在众多物品中挑出自己所喜欢的东西，孩子会把自己的食物或玩具让给他的小伙伴们一起分享，孩子会一边认真地做练习一边纠正教材里的错误；课堂上孩子会一动不动地坐着，直到听到老师叫到他的名字他才站起来，站起身的同时还会小心翼翼地生怕碰到桌椅发出声响……其实，这些举动都已经充分体现了孩子的意志，意志在孩子发挥才能的时候起着至关重要的作用。

其实，意志的全部外在表现都体现在行动之中。无论人们采取怎样的举动，都是在被某个动机所左右，这个左右人们的动机，就是我们常说的意志。

从另一方面来看，意志也可以对某些行为加以控制——它可以在我们愤怒的时候抑制我们的冲动，抑制我们用非正常手段去取得我们欲望中想要的东西。所以说，意志不会导致简单的冲动行为，它同时还在对行为加以引导。意志的这种能力是其他动物达不到的，它只会理性地存在于人类身上。

行动，是意志的表现形式。比方说，一个人想做好事却没有去做，想外出拜访朋友却没有出门，他就没有完成意志的活动，只是处在想象当中。

人类只有愿望而没有行动是不够的，行动才能让一切得以实现。意志有多少生命力，行动就有多强的力量。所有的行动都是冲动和抑制两种力量均衡的结果，在这两种力量的作用下，行为不断重复，就形成了人们生活中的习惯。

事实上，在我们品评一个有教养的人的行为举止的时候，那个人所有的习惯性动作就属于这种情况。比方说，我们因为一时冲动想去拜会某位朋友，但我们意识到这天他可能不方便接待我们而放弃了拜访他；我们知道自己喜欢吃的某种食物正好也是邻居喜欢吃的那种，我们在吃那个东西的时候就会有意回避不让邻居发现。在这种时刻，我们的行为不仅仅被冲动所支配，同时也体现了礼貌和教养。也就是说，假如没有冲动，我们不会参加任何活动；另一方面，如果没有抑制力，我们就无法得以修正自己的行为，无法引导和利用自己的冲动。这两种截然相反的力量之间的相互平衡作用培养了我们的习惯，在习惯的支配下，我们不必下很大的决心去付出多大的努力来完成某件事，也不需要用推理和知识来帮助我们完成习惯中的动作。

在我们的生活中，有些人在成长过程中没有受过系统的教育，他们只是囫囵吞枣地接受了某方面的纪律，这些人在生活中过失不断，因为他们是在被迫要求执行着某项行动，始终处于警觉和意识的控制之下。这种持续不断的努力与那些有着良好习惯的人自然而然的行为有着天壤之别。

和成人相比，儿童往往容易冲动，他们自己吞下由此带来的苦果，有时还会屈服于抑制力。在他们身上，意志的两种截然相反的力量还没有融为一体，还没有来得及为他们塑造出一种新的个性，直到心理萌芽期，这两种力量仍然处于分离状态。

作为教育他们的成人，我们应该尽早诱发孩子的积极行为，促进他锻炼自己的意志，更早地建立抑制和冲动之间的相互联系。所以，我们应该让孩子和小朋友们一起活动，让他们的意志力在日常生活中得到锻炼。如果我们让孩子一动不动地并排呆坐着，他们之间就不会建立起任何联系，他们的社会生活也不可能有什么发展。只有通过自由交往，让孩子们彼此之间进行相互适应的训练，他们才能建立起社会的概念，只对他们进行该怎么做的说教是达不到培养意志的目的的。在所有类似的事情上，要使孩子发展定型，最根本的就是要锻炼孩子的意志力。

在培养孩子性格的早期教育中，调动所有有用机制是很有必要的，因为没有得到锻炼的肌肉不可能完成需要肌肉力量的运动，没有得到锻炼的机体是不完整的，一个肌肉无力的人一定不愿意从事各种活动。

一个意志薄弱或丧失意志的孩子，很容易适应呆坐着听课的学校，他们的成绩单上写着品质优秀、学习成绩良好的评语，却只能在不受任何干扰的环境下沉溺于虚弱之中；那些活泼好动被指为调皮的孩子却其实在千方百计地使处于静止状态的同学激动起来，以便融入他们的队伍。

那种在潜意识里就能采取正确行动的人，并不是我们所说的有意志的人；一个在精神生活中建立起内部秩序与平衡、使个性得到发展并在这一过程中坚持不懈的孩子，他将能够和成人一样造福于他周围的集体。

真正有价值的并不是工作本身，而是他本身作为一个人的需要。

驾轻就熟的事情在我们的日常生活中并不多，在事情发生之前就已经有处理对策的事情也不多。我们在任何情况下做出的决定都是一种脑力劳动，都需要付出不断的努力，只有那些意志薄弱的人才会讨厌做这些事情。我们的一生应该是不断做出选择的一生，在遇到选择时，我们不能不动脑筋就做决定了事，这样是对自己和对他人都不负责任的做法。

清晰的思路和每件事情都做出明确决定的习惯会给我们带来自由，意志薄弱的人只会尾随于意志坚强的人后面，很容易成为这个危机四伏的世界的牺牲品。

鼓起勇气与之抗争不能只是一个幻想，它应该是一种对毅力的锻炼。比如说，一位习惯于任何事情都自己做决定的家庭主妇就比一位整天无所事事、习惯于服从丈夫的女人更能适应社会。前者如果成了寡妇，可能会由于形势所迫学会、精通业务，继续打理丈夫的遗产；后者就只好另寻保护，使自己在这场灾难中免受伤害。

这个世界上，不管是谁，要想在精神上获救，最终还是得依靠自己。因为，在危急关头，我们总是处于孤立无援的情境下，这个时候就需要我们独立面对、处理这些事情，即使有援兵也不可能马上出现在危机现场，在援兵到来之前还是需要我们自己的力量去化解危机。想要像个影子一样一直处于强大的保护之下，这在现实生活中是不可能的。

第五节　要坚持意志锻炼

为了培养孩子的主观能动性，任何人都不会让孩子处于完全静止不动的状态。为了培养孩子的意志力，我们做出的结果往往适得其反，或者妨碍了孩子意志的发展或者扼杀了他的意志力。

要建造一间可以让道德居住的房子，我们有必要对身体加以适当的控制；为了让心理上的疲劳得到恢复，我们有必要对意志进行不懈的训练。

当孩子通过自我训练将那些复杂的、需要做出比较和判断的内心活动付诸行动时，他们一方面用这种方式获得条理明晰的智力，另一方面也培养了他们的意志力。这种坚持不懈地培养个性的努力，都是通过个人的决定付诸行动的。

从此，条理分明代替了当初的紊乱，人的生命进入一种自发的状态，伴随心理混乱的消失怀疑和胆怯也会彻底消失。如果不让条理和清晰在头脑里生根，孩子们的思维就会处于一片混乱之中，妨碍他们自己做决定，他们的意志力也不可能得到加强。

一个人为做决定而准备的意志是最重要的功能，必须把它建立起来，并且不断强化。病理学揭示，这项功能与意志的其他因素有很大的不同，它是撑起人格的支柱。在心理疾病中有一种所谓的怀疑癖，这种怀疑的一个明显症状就是不能做决定，并伴随着一种严重的苦恼状态。

我曾经遇到过一个患有怀疑癖的病人，他到处搜索垃圾桶，生怕有什么有用的东西掉在里面。在他准备带着垃圾离开的时候还会重新敲开别人家的门，问人家的垃圾桶里是不是有值钱的东西，直到确信没什么了才离开，可不一会儿他又会将这个动作重复一次……就这样反复循环着。

事实上，很多正常人的脑子里也隐含着这种病态的因素。

你一定见过这样的事情，一个准备出门的人，他锁上门以后还会摇几下锁，确认刚才锁门的时候是不是锁上了。这种情形在孩子身上也时有发现，他们在上床睡觉以前总喜欢检查一下床底下是否有猫猫狗狗之类的动物。

如果想让意志在身体里有效完成工作并体现它的价值，我们就必须对意识进行训练。这对培养行为的准确性是十分有用的，就如同如果没有对脚进行过基本训练，就不会跳舞，没有进行过训练的手就无法弹钢琴。

在纯粹的生理活动中，我们的肌肉并不是有相同的方式进行运动，而是采取了两种不同的方式，身体对所呈现的每一种动作都是这些具有对抗性的肌肉互相合作的结果，在运动中每块肌肉轮流工作，合力产生作用。正是通过肌肉的这种合作，我们完成了最了不起的动作。

为了使这些具有对抗性的动作能够配合默契，就要进行动作方面的训练，如果想让自己的动作协调起来，就必须进行不断练习。

在所有的运动当中，意志理所当然地在起作用。

无论是最初的肌肉协调运动还是后来所设计的更高级的协调技巧，运动总是随意的，意志就像一名指挥官在指挥着一个组织严密、纪律过硬、技术精良的部队。

为了培养孩子的主观能动性，任何人都不会让孩子处于完全静止不动的状态。为了培养孩子的意志力，我们做出的结果往往适得其反，或者妨碍了孩子意志的发展或者扼杀了他的意志力，我们总是想用自己的意志去代替孩子的意志。我们按自己的意志或者让孩子静止不动，或者让他动个不停。我们还要为孩子做选择，为他的一切做主。

通过对孩子们的意志教育，我们希望带给他们的正是这样的东西。

我们希望把自己从使人类堕落的虚荣心中拯救出来，专心致志地工作，引导孩子从事伟大的事业，为使自己成为一个伟大的人物而奋斗。

需要注意的是，这种充满爱的热情和希望，往往容易将孩子置于庇护之下，并不利于他们的成长。

孩子们其实有拯救自己的能力，他们用整个心灵爱着我们。他们自身还有一种自我发展的潜能，能够控制自己的内心生活，正是这种潜能引导他去触摸某种东西，而这种时候成人往往对孩子们横加阻碍，当孩子想获得知识来向我们请教的时候，我们却不耐烦地让他们别来烦人。我们往往意识不到孩子成了牺牲品，我们用命令和权力要求他们做这做那，一方面我们热切地期待孩子长大成人，另一方面却又多方阻止他们的成长。有些家长甚至还用一些极端的手法来帮助孩子去抵制诱惑，家长们不知道的是，自己的手法很有可能摧残了孩子的意志，使他变成完全顺从的人。我们的主要任务应该是保护和提高儿童的能力，而不是阻碍其发展。

第六节 培养儿童稳定的注意力

一个人如果听任自己的天性行事，就永远不可能集中注意力，他就只会凭自己的好奇心使注意力从一个物体转向另一个物体。

很多时候，我们希望自己的孩子能在很短的时间内把注意力集中于某个物件之上，按照我们事先设计的方式来使用它，并且无数次重复这种行为。每个孩子重复的次数都不相同，他们重复的次数与心理发展密切相关。促使儿童有这种表现的是一种原始的内在冲动，就像人在处于饥饿时所具有的那种模糊意识一样，要解决这种冲动，必须将儿童的意识引向正确的目标，让它成为一种基本的，同时又是复杂的、可以重复进行的智力活动。正是由于这种内在意识的作用，儿童在使用这类物件时往往是很愉快的，还会不断地重复使用它。

成人向孩子所提供的环境应该是他们得以自由活动的场所，能够满足儿童的精神活动。所以，在游戏时，我们所做的一切都是为了培养孩子的主观能动性，通过这些练习，可以让孩子获得真正明确的知识，并使他在学习这些知识时能保持同等程度的注意力。

到目前为止，心理学家一致认为，注意力的不稳定是三四岁儿童的特点，他们会被看到的东西所吸引，注意力将不断地从一个物品转移到另一个物品，很难将注意力固定在某一个物品之上。

想集中儿童的注意力很难，这是儿童教育所面临的阻碍。儿童的注意力具有极端的易变性，这种特性加上孩子注意力的被动性，儿童更多地表现为只是偶然注意所看到的东西，这种多变的注意力状态中自动恢复的能力是他们形成判断力、性格和意志的基础，促使他们对这种能力加以改进的教育才是最好的教育。

一个人如果听任自己的天性行事，就永远不可能集中注意力，他就只会凭自己的好奇心使注意力从一个物体转向另一个物体。

从实践中我们知道，儿童的注意力并不是一个老师可以人为地保持着，而是受某个固定的、能引起他注意的物体所吸引。一个婴儿在活动中所完成的那些复杂的运动是受第一位的、无意识的营养需要所控制的，并不是有意识地追求的结果，这时的婴儿不可能有明确的意识。

很简单的一个例子：一个婴儿在母亲的怀里吃奶时，除非他已经吃饱了，否则，无论周围发生什么事情，他都不会停下来。只有自然才能创造出这样的奇迹。

要使各种生命真正实现自由，基础性的工作就是运用各种方法观察生物。由于儿童的生理发育还不完全，这就要求我们循着自然来发展这种适应性。在发展适应性的过程中，如果一个物体不能成为对适应能力有用的刺激物，就必然不能让孩子在心理上保持注意力，还会造成他们生理上的疲劳，甚至伤及眼睛、耳朵等适应性器官。当儿童能自由地选择物件，并在使用过程中保持高度的注意力时，他就能明显地体验到一种健康快乐的生活，而且这种练习还对身体的各个器官有益。需要注意的是，与这种外部刺激相关的神经中枢也要做好促进想象形成的准备。

当外部刺激起作用时，大脑神经中枢会通过内部程序依次兴奋起来，两种力量的作用就像在开启一张关着的门，外部的感觉力量敲门，内部的力量则可以将门打开，如果说内部的力量不努力把门打开，外部的刺激力量再强也是徒劳的。

注意力在心理学上是最受重视的，它在教育方面也体现出最实用的价值。教师的艺术就在于把握儿童的注意力，使他们对教学充满期待，在孩子们“敲门”时，给他们提供“开门”的内部力量。如果对这一工作是完全陌生的或者难以理解的，就不能唤起孩子的兴趣。教学实际上是一门引导学生从已知到未知、从易到难的艺术，我们要引导他们通过新奇的未知领域的大门，进一步深入学习知识和将儿童的注意力引向所期望的状态。

赫伯特·斯宾塞认为，经验成就了人，只要在教育体系中配备一套合适的经验结构就可能成就一个人。思想最初只是一堆无足轻重的泥块，后来由于外部因素的作用才使它们留下或轻或重的痕迹。

儿童难以集中注意力的这种现象说明心灵敏捷的人会受到自然法则的制约。心理学家威廉·詹姆士认为精神的力量是生命的神秘因素之一，人对外部事物的特殊态度构成了他的天性的一部分，并决定了他的性格特征。我们的注意力不会被那些无关紧要的东西所吸引，而是被那些我们感兴趣的东西所吸引，只有那些能唤起内在活力的东西才能引起我们的兴趣。我们的内心会对外部世界所提供的信息做出选择，使其与我们的内部要求一致。

对于儿童来说，没有一个教师能够使他对某一物品显得神情专注，儿童的专注力是内在力量作用的结果。不论一个教师的教学技艺多么巧妙和高超，他都不能唤起任何一个天才人物的注意力。从逻辑上来说，通过外部力量为儿童提供适于其心理需要的营养成分，用尽量完美的方式尊重他们自由发展的态度，是建立一种新的教学方法的基础。

阿基米德在伏案研究时因为太过专心，以致当敌人攻下他所在的古城时他都没有从研究中分心出来，最终被敌人杀死在钻研几何图形的桌案上……很多历史记载告诉我们，尽管人们性格各异，但每个人都有超常的注意力。

孩子认知能力的产生为智能的发展提供了第一粒胚芽，以补充本能的兴趣，它一旦发生，“认知”便开始为儿童建立类似注意力的心理机制。

从已知到未知的演变，是儿童内心所建立的一种复杂的观念系统，是儿童通过一系列心理活动而积极构建起来的，它代表了一种内在的心理发育过程，要促成这种变化，成人就必须为儿童提供大量系统的、复杂的、与他本能一致的材料。

打个很简单的比方：我们可以向儿童提供一系列物体，引发他们对颜色、形状、声音、触觉和气压的本能关注，儿童会以特有的方式通过与各种物体发生连续的活动来组织他的心理个性，同时获得一种对于事物的清晰、有序的知识；从此，这些形状、尺寸、颜色等呈现的物体与儿童的心理产生了联系，他们的意识中开始有了一些东西，他时刻期待着并乐于接受它们。

当儿童在这种原始冲动的基础上又有了对外部事物的认识和注意力之后，便与这个世界上的一些东西建立起联系，产生了更加广泛的兴趣，它们不再仅仅局限于与原始本能相关的兴趣，而是建立在已经获得的知识基础之上，并且成为他的洞察力基础。

通过实验我们发现，已知的知识会把兴趣引向更具有复杂性和崇高意义的事物，并使文化连续不断地演变下去。这一过程本身在头脑中维持着秩序，孩子们会用一个简单和固定的字清楚地表明感觉的顺序，他们会把这些知识点进行分类、编辑，他们的头脑中会把一个印象与另一个印象完全区别开来，每个印象都有其明确的位置，每种印象都可以用一些合适的文字记忆下来。所以，新的知识既不会被丢弃，也不会与旧的知识混淆在一起，它们会被储存在合适的地方，并与原先的同类知识和教师们在课堂上说的一些知识点归纳在一起，就像图书馆里排列有序的图书一样。

在人的内心深处有一种要求增加知识的动力，还会形成秩序，这种秩序又通过不断接到新的信息得到维持和改进。内部的协调性就像生理上的适应能力一样，它本身就是在自发活动的基础上建立起来的个人的成长与组织构筑，都是由内部条件决定的。

教师的艺术在于理解孩子的行为，避免对自然的现象进行干预。对于年纪稍大一点的孩子，应该让他们关注那些作为生命基础的本性和作为生活基础的刺激之间相对应的基本事实，无论它们如何变化，这些始终应该作为教育的基础。

现实生活中，孩子被要求养成注意任何东西的习惯——即使他们不喜欢的东西也被要求对它们保持高度的注意力。这种做法其实是建立在偏见之上的，这个时候，道德教育被搁在一边，让人感到悲哀。孩子在童年时期有许多未被满足的欲望时，在他的心里则会把这些欲望的满足看成最大的自由和最大的快乐。一个现代人能从多方面抵抗传染病的侵袭，他会在没有任何强迫的情况下努力做好各种防备，能勇于尝试各种艰苦的运动，能试图完成一些伟大的事业，能勇于面对严酷的道德冲突，并且使自己的精神净化。只有这样的人才能成为一个意志坚强的人、一个能及时做出决断的人。

一个人的内在活动发生的作用越正常，他就越能成为一个有个性的人，也就越能培养出坚强的意志和健全的心智。没有哪个英雄在做出业绩前就是英雄，未来生活的艰苦程度是无法预想的，也不会有人为我们想出迎接它的办法，只有积极健康才能应对任何事情。当一个生物处于进化过程中时，生物学家能做到的事情就是保证它的正常发育。当胎儿在子宫内生存时，一旦血液里的蛋白质和氧气缺乏，或有毒物质进入母体，这个生命将不能得以正常发育。

儿童精神的发育也同样需要一个温暖的巢，只有那里才能保证他所需要的营养，为他今后的发展做准备。因此，向儿童提供与精神形成的倾向一致的物质是十分必要的，其目的就是以最小的代价尽可能充分发挥人的潜能。

第七节　儿童想象力的培养

在智力发展的朦胧时期，孩子被一些奇妙的幻想所吸引是很自然的事情，不能因此就否定他们。千万不要对孩子想象力的发展过分控制。

在培养儿童想象力的时候，决不能阻止他们自发的活动，即使这类活动像涓涓细流一样渺小，我们也不能对其进行阻碍。

我们要做的就是等待。千万别以为自己能够创造孩子的智能，在这方面，我们除了观察和等待孩子各种能力的萌芽和自然裂变，别的什么都别做。

想象的真正基础是现实，一个人的感知能力与其观察的精确程度息息相关。培养儿童的想象力，一定要让他们准确地感知周围事物所需要的材料，让他们在界定严格的范围内进行推论，让他们进行将不同事物区别开来的智力训练，这些足以为他们建立起想象力奠定基础。这个基础打得越牢固，孩子的想象力与具体形式的联系就越紧密，也越能与独立的意象建立起合乎逻辑的联系。事实证明，任何夸张或粗糙的幻想都不能使孩子走上正轨。

创造性的想象只要不是一种虚无的幻想，不是幻觉或错误，就会在坚实的岩石上建立起一座精美绝伦的宫殿，智力的开发也就有了坚实的基础。

人们通常认为儿童的最大特征就是想象力极为丰富，儿童喜欢在虚无的世界里充分发挥他们的想象，就像原始人总被迷人的超自然、虚无缥缈的东西所吸引一样。实际上，任何情况下，这种原始状态都只是暂时的，会被其他状态所取代，我们对儿童进行教育，就是要帮他们克服这种状态，不让他们的这种状态得以停留、延伸甚至发展。

孩子身上的确有一些与原始人相似的特征。比方说，在语言方面，他们的表达能力十分贫乏，只具有一些表明具体意思的词语；他们的用词也非常笼统，一个词往往被用于表达几个目的或表示几件东西。这是一个人正常成长发展必须要经过的历程，我们不能因此就对他们加以限制，更不能拔苗助长地给他们提速，让他们尽快度过这个时期。

与那些永远停在虚幻中的人不同，孩子是属于一种完全相反的类型，他们对伟大的艺术作品十分感兴趣，对科技文明津津乐道，他们沉浸于需要丰富想象力的作品里。作为成人，我们应该为他们才智的形成提供这样的环境。

在智力发展的朦胧时期，孩子被一些奇妙的幻想所吸引是很自然的事情，不能因此就否定他们，千万不要对孩子想象力的发展过分控制。

婴儿大脑的创造性活动是人类孩提时代的重要活动，是一种创造性的想象，孩子通过这些活动赋予他们所感兴趣的东西以赏心悦目的特征。

你一定见过孩子骑在父亲手杖上时，他的感觉像真的骑在马背上一样，这就是他具有丰富想象力的证据。没有看到过马车的孩子会根据他们自己的想象利用自己身边的一些物件拼凑出他们想象中的马车，真正看到过马车的孩子也许会对这个假马车嗤之以鼻，但我们不能因此就阻止没见过马车的孩子对马车的想象。当一位穷困的妈妈把仅有的一片面包分成两块给她的孩子，并且告诉他说这是面包、这是牛肉时，孩子会真的以为自己在吃面包的同时也吃到了牛肉，这也是孩子想象力的一种体现。

当一个孩子不断地用手指在桌子上比画着，想象自己在练习弹钢琴的时候，我们如果真的给他提供一台钢琴反而是件坏事。这时候孩子虽然能够在真正的钢琴上练习，但他的想象力却得不到原来那样的锻炼了。

费洛培尔做过这样一个游戏：将一块积木交给孩子，告诉他，假设这是一匹马。然后将积木按照一定的次序摆好，告诉孩子说这像是一座塔，这是一个乡间教堂。在这类练习中所使用的积木就不像前一例中被当作马那样容易引起幻想，孩子在向前移动时，他会产生丰富的想象力，而用积木搭建的塔和教堂会使孩子们的头脑更加混乱。更为严重的是，在这种情况下，进行创造性想象的、用头脑工作的已经不是孩子，他们只是在按照教师的提示去做而已。没有人知道，孩子是否真的相信马变成了教堂，他们是否正在开小差。我们将错误的知觉形成了错误判断的开端，它甚至有可能成为神经错乱的并发症。

成人总是企图用一种让孩子将虚幻当作现实来接受的方法来发展孩子的想象力。在拉丁语国家，大人们这样形容圣诞节：一个叫比瓦娜的丑女人翻过围墙，从烟囱钻进屋子，把玩具送给听话的孩子，把煤块送给调皮捣蛋的孩子。在盎格鲁撒克森国，圣诞节是这样的版本：一位全身落满白雪的老人在夜晚进入孩子的房间，把他手里的玩具分别发给熟睡的孩子。

试想一下，这种方法怎么能培养孩子们的想象力呢？孩子们只是相信我们讲的故事而已，我们通过这些想象力却没有留给孩子想象的空间。我们这样对待孩子无非是想让他们相信我们的话，听我们的话来做事，以减少我们在教育上会遇到的麻烦。我们一直认为自己可以帮孩子做很多决定以减少他们在人生的道路上所走的弯道。孩子的大脑还不成熟，他们不具备现实知识，缺乏辨别真理的能力，成人在他们还处在无知、不成熟的年龄阶段培养他们轻信他人的能力，这绝对是一种错误，对孩子的将来一点好处都没有。这样既不是智慧的基础，也不是智慧的结果。

在17世纪流行这样一个颇具讽刺意味的故事：当时巴黎新桥是供人行走的通道，也是人们休闲和集会的地方，这里也混集了一些江湖骗子和庸医，其中有个江湖游医吹嘘自己手里有一种来自中国的药物，这药物可以让人的眼睛变大、嘴巴变小……

这显然是个骗局，说谎话的人很快被警察拘留起来。

警察问他是怎么招来这么多人为自己的招摇撞骗提供方便的，那江湖骗子回答说：每天经过这里的十多万人里，最多也就十分之一的聪明人而已，我可以在剩下的这一大群人里找到机会。

还有一个流传广泛的故事是：两位出身高贵的公主，为了免受命运安排的优越生活的虚荣所带来的折磨去一所修道院接受教育。修女告诉她们这个世界充满了虚伪，不信的话，当有人称赞你时，你试着躲起来，听听他们在背着你们的时候在说些什么。

公主们在第一次晚会上露面时，所有的来宾都对她们大大称赞了一番，公主为了验证一下修女说的话，躲进了客厅里的大帘子后面，她们听到宾客们对她们的赞美不但没有消失，反而更胜一筹。她们失落的同时也抱怨修女们说的话都是虚假的，并重新回到尘世的欢乐中去了。

事实证明，随着经验的积累和思想的成熟，人们的轻信会慢慢消失。如果能给孩子正确的指导，他们会远离轻信。随着文明的发展进步，人们的轻信心理必将减少。

同样，我们其实不希望自己的孩子会轻信别人告诉他的一切，当孩子不再相信神话的时候，我们会由衷地替他们感到高兴。而事实上，孩子不再相信神话的那天一定会到来，这只不过是时间问题而已。

孩子在成长过程中，他们不但要战胜自己的内心，还要战胜我们成人施加的阻碍。孩子跟随着瞬息万变的内在发展与成熟的动力去行动，遗憾的是，它指向哪里，成人就跟到哪里，对此，成人并没有一个真正切实的认知。

在孩子学习说话的时候，成人并没有帮助孩子聆听词的清晰发音，也没有去观察他们的嘴形变化，而是去模仿孩子幼稚的词汇，去重复他们笨拙的发音，故意学着他们把辅音发错。这样做的后果是极其严重的，这无形中延缓了孩子本来十分艰难的形成期，使他们倒退到疲惫的婴儿状态。在儿童想象力的教育上，成人也扮演了同样的角色：成人总是对那些幼稚的大脑处于幻想、无知和错误感兴趣，成人会很高兴看到婴儿被抛上抛下，对孩子轻信我们向他们讲述的故事感到高兴。成人这样做其实是在犯罪，是在为了自己取乐而人为地阻止儿童的发展。可怕的是，我们对这种现象丝毫没有意识到，这样不但不能为儿童的完美成长作出贡献，还在无意识中为他们的成长设置了各种阻碍。

要培养婴儿的想象力，成人应该做的第一件事情就是让他们在成为物质主人的环境中生活，或者用建立在事实上的知识和经验来丰富他们的头脑，让他们在此基础之上自由地成熟，只有让他们自由发展，他们才能展示其丰富的想象力。

现实生活中，人们得到自己梦寐以求的东西以后，他们的欲望就会被减弱，从而过上一种内心丰富的平静生活。只有在拥有了真实的财富以后，人们才会平静下来，这样可以减少他们因为处于无意义的幻想而消耗的宝贵精力。

我们讨论中的自由与实际上拥有的自由是有差别的，这正如一个谈论百万财富的人与一个百万财富的拥有者存在差别一样。一个沉醉于假想中的人，会把他假想出来的东西当作真实的，他不承认现实却不停地追求幻想，更可怕的是他们居然意识不到这一点。

不论想象力是否建立在一个坚实的基础上，它总是存在的，区别在于，如果它不是建立在现实和真理的基础上，就会成为压制智力发展阻碍真知之光的负面力量。

大多数情况下，学校被打造得呆板而阴沉，这样压抑的环境目的在于让学生能够专心听老师讲课，免得他们被外在的刺激分散了注意力，他们被动地遵从老师的指令，他们得到的个性品评完全是基于他们被动的服从程度。这种现象正如克拉伯雷迪所说的，我们的教育是用一大堆对孩子的行为毫无指导意义的知识来压迫他们：他们已经无心听讲时，我们还要强迫他们；他们无话可说时，我们还要强迫他们描述一下作文；他们没有好奇心时，我们还在强迫他们观察事物的特征；他们毫无发现的欲望时，我们还要强迫他们去推理、去论证一个命题。我们总是在强迫他们做这做那，从来不去征得他们的同意。

所以，现实中孩子的学习过程就如同忍受苦役一般，虽然他们的脑子里没有专心思考，却只能呆呆地坐在那里一动不动。不过，尽管他们表现得如上受教，老师们在课堂上讲的内容却从来没有考虑儿童的爱好，他们使用的教材是根据成人的思维设计的，他们表述的语言也是用成人的方式。孩子们不得不跟随着老师的思维转，老师所讲的内容像梦境一样呈现在孩子们眼前，抽象而虚无，孩子们却要根据这个虚无的东西进行一堆的推理和计算。实际上，他们根本不知道老师所讲的东西长什么样子、是怎么回事，他们得出来的计算结果如果不如老师的意，就会得到一堆的批评……像这样的教育方式并不能与其他事物相融合而被孩子感知，它们不可能成为灵感的源泉，更不能促进孩子的正常成长。孩子们的这种疲劳几乎包括了心理学的所有努力，对孩子们来说，这种学习是既辛苦又徒劳无功的。

孩子必须先有内心生活的创造才能将其表达出来，他们必须从外界吸收构筑的材料才能有所创作。我们必须在他们能够发现事物之间的逻辑关系之前对其思维加以锻炼，必须为他们提供内心生活所必需的东西，让他们自由地进行创造。如果创造的想象力还没有到来，只能说明孩子的智力还未发育成熟，我们不能在这种时候勉强孩子进行想象和创造，否则，我们是达不到我们真正想要的教育目的的。

第八节　如何培养儿童的运动神经

如果一起学习的孩子很多，成人要安排孩子们轮流承担日常生活中的这些事物。这种轮流制度一方面让各个孩子全面地掌握动作要领，另一方面也可以培养孩子的社会秩序感。我们发现，轮流制度能让孩子们更认真愉快地执行成人的指令。

因为运动神经的培养过程非常复杂，所以我们必须使用符合孩子生理机体所必需的、十分协调的运动来锻炼孩子的运动神经。孩子无拘无束的天性让他们表现得无法无天，如果没有指导教育，他们的运动就会十分混乱。

成人对此常采用“唠叨”的方式来约束孩子的活动，我们常常可以听到父母要求孩子“老实点，别乱动”。成人除了用这种方法来管束孩子，似乎没有其他更行之有效的方法了，实际上，很多成人也没有花过心思去研究这方面的东西。

其实，孩子此时看似杂乱无章的运动就是把自己的各项运动组织协调起来，为探索对人类有益的活动而努力，他们肌肉锻炼的目标就是这样的。这个时候，我们只有让孩子大胆勇敢地运动起来，成人在一旁恰如其分地指导，才会起到好的作用，才能让孩子在我们的指导下自由成长。

那么，我们要怎样做才能帮助孩子实现这个目标呢？通常，我们可以从以下几个部分对孩子的肌肉进行训练：首要的可以是日常生活中的坐、立、行、走、使用小东西等动作，也可以让孩子干一些家务活儿，自己照顾自己，或帮助成人进行园艺劳动、做些小手工，还可以进行体育活动，做一些有韵律的锻炼（比方说韵律体操、跳舞），等等。

在照顾自己的时候，孩子通过练习自己穿衣服、脱衣服、扣扣子等细小的动作，在培养了自己生活能力的同时还让自己尚在发育阶段的肌肉系统得到了锻炼。

在他们刚开始这些动作的时候，成人必须参与，准确地给孩子们做示范动作，把所有的动作要领传授给孩子，可以少说话或不说话，这时候我们会发现孩子们很容易就学会了，而且他们对这些事情表现出浓厚的、让人惊讶的兴趣。相反，如果我们在一旁唠叨个不停，孩子们的注意力反而会被引到成人的话语上，还有可能因为成人说话的一些语气影响到孩子学习的积极性。

如果一起学习的孩子很多，成人要安排孩子们轮流承担日常生活中的这些事物。这种轮流制度一方面让各个孩子全面地掌握动作要领，另一方面也可以培养孩子的社会秩序感。我们发现，轮流制度能让孩子们更认真愉快地执行成人的指令。

在我们学校里曾经发生过这样的事情，有一个两岁左右、看起来不太聪明的孩子忘记了吃饭时叉子应该放在左边还是右边，他站在那里不知所措，长时间地想着，努力地回忆着老师和其他同学是怎么做的。比他大一点的孩子们都用钦佩的目光看着他思考的样子。此时此刻，大孩子们也像我们一样，为生命的一步步成长感到惊奇。事实证明，老师通过一点暗示、一次指点，就能给孩子一个极好的起点，孩子就可以自我学习、自我成长。

最为奇妙的是，稍大一些的孩子会对小伙伴在成长过程中的进步表现出理解和关心。在“儿童之家”里，孩子们像在自己的家里一样分担着日常生活中的一些家务活动，他们爱护他人、爱护周围的环境，他们自己洗脸、擦鞋子、洗涤家具；他们完全独立地完成摆放餐桌的工作，分工合作地做着餐前的其他准备工作，这个过程中他们表现出来的合作力和秩序感那么积极自发，让一旁的成人为之惊叹！

园艺课是幼儿教育的重要内容，植物和小动物们能吸引孩子的注意力。在“儿童之家”，我们把泥塑作为孩子手工课的重要内容，我们或手工或借助简单工具把泥土捏成小花瓶和小砖头等物件，尽量让孩子们记住整个制作过程。最后一步，孩子们要把所有小作品上釉并用熔炉烘烤。当他们看到自己的作品时会表现出一种自信和成就感，对日后养成积极的生活态度和良好的社会秩序感也很有好处。

在体育训练时，我们通过一种叫作“踩钢丝”的活动对孩子进行训练。具体做法是：用粉笔、颜料在地板上画一条线，或画两条椭圆形的同轴线。老师先做练习，向孩子展示怎么落脚，孩子们像踩钢丝演员一般前后相接地踩着线行走，他们真的像踩钢丝演员一样走路以保持身体的平衡。

孩子们多数都会坚持走下去，他们努力适应着老师的示范动作，脚步小心翼翼，让自己稳稳地走在线上。

在孩子练习的时候，如果我们能挑一首节奏简单的进行曲，更能激发他们独立做事的精神。事实证明，孩子们学会这些保持平衡的办法后，走路姿势会变得相当标准、相当优美，在体态变得优雅的同时，还拥有了稳健自在的步伐。

我所知道的另一所学校的做法是：孩子们一边唱歌，一边在平时的生活中运用教学用具工作，如此一来，孩子们同时也慢慢听懂了音乐。

第九节　智力发育的特点

孩子的大脑是会很容易地接受各种各样的观念的，但他们往往处于胡思乱想之中，最终成为不断装进新东西的仓库。

能区别对待事物是智力的重要特征之一。从工作上讲，是安排身边的事情；在生活中，就是为创造事物做准备，而创造则要有秩序地进行。

如果一个人的思维一直处在混乱之中，他的所有智力活动就会处于停滞状态。所以，促进一个人的智力发展就是要帮助他把意识中的意向进行有条不紊的分类。

一个三岁的孩子就像一个收藏了很多书籍的人，内容多，但非常混乱，他们不知道该怎么把这些东西理清楚，他们被身边铺天盖地的事物信息弄得眼花缭乱、不知所措。而他们身边的成人并没有认识到这些，并不能及时地纠正孩子在感官方面所犯的错误，所以，通常情况下，万般无奈的孩子只好采取哭闹或睡觉来应付这些他们无法面对的场面。

通过对感觉的练习，孩子能够区别和分类。生活中，我们收集到的一些感觉材料是物质具有的性质，而非物质本身，这些互不相关的性质代表了各种不同的物体。比方说，我们会找到一系列相同数目的对应物质来描述长、短、厚、薄等特性，这种等级对于秩序的建立非常重要。

物质的特性不只有质的差别，还有量的不同，它们可能更高一点或是更低一点，声音有不同的调子，颜色有不一样的强度，形状也会在不同程度上有相似之处。

感觉教育的材料应该达到区别事物的目的，通过它们，孩子能分析和比较确定两个刺激物的特征；他们可以区分不同特征的差异程度，然后依次排列一系列的物质。

物质的特征对孩子有着巨大的吸引力，它们会使孩子不断重复练习。

我们除了凭物质的特征来区分它们以外，没有其他更可行的办法。对物质的分类要涉及每件事情的基本顺序，如此一来，世界对孩子来说就不再是混乱不堪的了，他们的思维就会像图书馆里摆放得整齐有序的架子一样，每样东西都各归其类，各就各位；他们所学到的知识不再只是被储藏起来，而是得到了适当的分类，这种基本的秩序不会被打乱，只会被新的材料加以丰富。

孩子在获得区别事物的能力之后并奠定了智力的基础，他们从此认识了周围的事物。

生活中，孩子们看到天空是蓝色的，手臂是光滑的，窗户是长方形的，但他们实际上并没有看见天空的颜色，也没有发现手臂、没有看见窗户，他们只是发现了这些不同的事物在他们大脑中的位置和顺序而已，这些种种发现决定了孩子内心个性的稳定平衡。这种稳定平衡如同协调身体器官的肌肉，它们会使身体保持平衡，获得进行各种运动的稳定和安全，带来镇定和力量，提供进行新尝试的可能性。这就如同一座安排得井然有序的图书馆能为查找资料的人节约时间和精力一样，这种秩序帮助人们节约了时间和精力，如此一来，孩子们能够完成更多的工作而不感到疲倦，能在更短的时间内对刺激做出应有的反应。

孩子的智力表现在，大脑已经建立了牢固的秩序，他们能对外部事物加以区分、归类和编排。所以，一个精通文学的人能凭借作者的文风就了解这个作者，他们甚至能凭借看到的文字辨别出这一时期文学作品的特性。一个精通艺术的人能凭借画家所用颜料的方式判断出画家的性格和画家所处的年代，而科学家则善于观察事物，能对事物的差别清楚地感知和归类。

然而，造就文学家、科学家的并不是知识的直接积累，更多的是建立在他们头脑中的知识体系。那些未曾受过教育而对事物只有直接经验的人，就可能只是一个读过很多书的农民或是一个终生在花园里对植物进行区分的园丁。这些没有受过教育的人，他们的经验不仅混乱无序，而且也只限于直接接触的事物之中。

科学家的知识则是无限丰富的，他们具有把事物的特性分门别类的能力，能够识别所有物质并随时确定它们的类别，能够分清楚它们之间的相互关系和各自的起源，所以他们能发现比实物更深刻的事实。

孩子也能像科学家和艺术家那样凭特征对外界事物加以辨别和归结，他们对一切都十分敏感，一切东西对他们来说都具有很高的价值。

现在，普通的教学方法与我们常用的教学方法却去除了自发性的活动，它们将事物和它的特征一起介绍给孩子，要求孩子注意各个特征，希望他们光凭成人的指导和顺序就能抽象地识别出这些特征。这种教学方法其实是制造了一种比大自然的混乱更加缺乏创意的混乱状态，孩子们顶多就硬生生地记住成人所说的那些东西，但他们无法真正地从自身来认识到事物的这诸多特征。这些被强加的记忆如果得不到事物本身的强化刺激，是不可能在孩子们的脑子里留下长久的印象的，从某种意义上来说，这就是一种教育的失败。

还有一种教学方法是，展示事物并记下它所有的特征，然后让孩子把该事物描述出来。这其实是感官记忆法的翻版，它的目的是为了使某个事物与其他物体不同的特征能更好地被记住，被动的大脑只限于接受眼前的事物以及它们杂乱无序的表象。

孩子的大脑是会很容易地接受各种各样的观念的，但他们往往处于胡思乱想之中，最终成为不断装进新东西的仓库。

事实上，每一个事物的特征都可能是无限的，如果事物本身从头到尾的目的都包括在这些特征之中，大脑就必须对其进行综合思考。

在现实教育中，有过这样的一个案例：一位老师在上一堂关于咖啡的直观课，老师将咖啡详细地描述了一番，使孩子的注意力集中在咖啡豆的大小、颜色、形状、芳香、味道和温度上。然后，她又继续把咖啡树的特性以及发展史描述了一番。她以为自己这样详细地教授能让孩子更好、更清晰地认识咖啡这种事物，而事实上，到后来，孩子们已经被弄得不知所云，他们被这些模糊的概念充斥着大脑，这让他们的大脑根本无法进行积极、类似的联想。

如果孩子只是像看电影那样以静观的方法形成对某一事物的印象，然后再试图让他们去认识事物的本质，而不让他参与关于这一事物的任何活动，这个孩子的大脑中将不能把这一事物与其他事物联系起来加以思考。

智力的根本特性不是拍摄物体的形象，然后像相册一样将它们一页页地存起来，智力独特的逻辑思维能力及其辨别的能力能区分和抽象出事物的重要特征，它在这些特征的基础之上继续前进，建立起自己的内部结构。我们在凭借物质的相似性联想它们的不同意象时，应当从总体上抽取这些物质所共有的物性，这样会使人想起一连串的物质。

在得出这种结论前，大脑可以从这些物质的更多特性中抽离出应有的概念。

如果不能从众多相关的事物特征中选取它们固有的特征，就不可能对事物通过比较、综合产生联想，更不能产生更高的智力活动。

孩子的思维在他们所接受的教学方法的帮助下会对事物特性的分类方面具有条理性，他们不但会根据自己对事物特性的分析来观察它们，还会区分它们的相同、不同和相似，这些工作使孩子们能够识别某一事物的不同特性。

比方说，孩子能很容易地注意到某些物体的形状和颜色的相似之处，他们能根据这些形状和颜色等类似的特征联想起一连串的物体，这种靠类似产生的联想是一种机械性的工作。个性的差异只有在这种积极的活动中才能表现出来。

科学家也会选择对他们的联想有用的事物特征。比方说，某位人类学家也许会根据大脑的形状来区分不同的人种，而另一位人类学家也许会选择肤色来进行区分，虽然结论都是一致的，但在方法上却能有各种的不同。

选择可以使我们将某种计划从含糊不清到真正实现，从理想到现实的转变是必不可少的基础。世界上的一切事物都有自己的特性和局限性，人类的心理感觉机制是建立在自己的选择之上的，感觉器官会对一连串的震动做出反应；与此同时，思维会对感官的选择进一步加以限制，在内部进行选择活动的基础上再形成某种具体的选择。

如此一来，注意力就会被集中在某个特定的事物上，而不是放在所有的事物上了，意志也就从众多可能的行动中选择了必须完成的那种，如此来实现它对个体的有效控制。

第十节 儿童的行为能力

如果我们想要改变一个国家的风俗习惯，或者想强化某一民族的特定性格，就必须从孩子们身上找到突破口。因为孩子有比成人强大得多的可塑性，他们比成人更能接受其他外来因素的一些影响。

生命的规则只有一个，各种动物的生命都遵循着这个规则发展。这个规则可以追溯到胚胎时期，可以据此追踪儿童心理发展的变化，从社会现象中发现这个规则。

不论是人还是其他动物，早期的胚胎形状都很相似，脊椎动物的成型都有类似的过程，只有当胚胎发育成熟以后才会产生差别。

可以肯定的是，婴儿都有心理胚胎，也就是说，每个孩子在出生时都是相似的。所以，不论将来孩子将成为什么样的人，孩子在心理胚胎期需要的教育都是相同的，从某种程度上来说，他们都会经历相同的成长过程。人在生命的最初几年受到的教育是相似的，要顺应其自然的本性。

一个人内在的个性是自然发展的，不是别人能左右的，我们只能帮助一个人实现自我构筑，为他排除成长过程中影响自我实现的障碍。

1930 年，美国费城的学者发现大脑中的视觉神经远在视觉神经出现以前就存在了，比眼球的形成还要早，由此论证，动物的心理是先于生理形成的。也就是说，每种动物的本能，早在它的器官形成以前就存在了。

如果说动物的心理早已存在，那就意味着它的生理部分是自动完成构筑的，它同时在努力使自己符合心理需求，符合他的本能，各种动物的肢体也是最适于表现其本能的器官，动物在其能力范围内可以很好地适应环境。

人们在牛的身上有这样的发现：牛在地球上有植物覆盖的时候就出现了，它们为什么会为了消化它们所选择的那些最难消化的草类而长出四个胃呢?

原来，牛在吃草的时候会在靠近草的根部将草咬断，并不连根拔起，它们好像知道青草经过剪断会使地下的根茎长得更好似的。

人们发现青草能防止水土流失，对保护当地的植被也起着至关重要的作用。而牛对于青草的啮咬还有其他两重作用——它们的粪便能对青草施肥，它们从草地上走过就是重重地对草地表面实行滚压，从某种角度来说，它们几乎就是为大自然而设计的，正如大自然设计了乌鸦和秃鹰来清洁大自然里的腐物一样。

而大自然里的另一种动物就更神奇了：蚯蚓每天吃相当于它体积 200 倍的泥土，它们吃东西绝对不是为了活着，相反，它们活着是为了吃——经过它们脾胃消化以后的泥土变得比以前更松软、肥沃了。

有些动物则不仅仅为自己而生存，它们为了其他生命的生存甚至可以牺牲自己的生命。大自然里有些单细胞生物就有着过滤器的功能，能去除水里的某些有毒成分，它们最终会被这些毒素毒死。

从无数个动物选择食物的例子可以得出一个结论：动物是为着完成某一个大自然赋予的使命而吃东西的，它们不仅仅只是为了满足自己的胃口而吃。

无论何种生物，都在合作着维护整个大自然的和谐统一。

动物们并不知道自己的生活与地球生态的关系，但一些更高级的生命和地表的土壤、空气和水的净化却都有赖于这些动物。不同的动物们身上的各个器官似乎都是为了完成某个特定的计划而存在的，它们的生命也在听从这些隐藏着的命令所指挥，它们使一切物质和谐统一，使世界变得更加美好。

人与其他动物相比主要区别在于：人类不具有特殊的运动方式，没有特殊的栖息地，只有人最能适应各种气候，也只有人类可以自由地选择去自己喜欢的地方，无论是热带还是极地，不论是沙漠还是丛林，人类都可以在那里生存；人类还可以从事多样化的运动，可以用双手劳动——这是其他任何动物都不能比及的。

初生婴儿不具有任何行动能力，他们必须依靠自己的努力，从走路这种简单的运动开始练习。孩子在获得所有人类应该具有的能力的同时，还要调整自己的体温去适应所面临的气候，适应文明社会越来越复杂的生活环境。他们不知不觉地吸引，将它们构成自己内在心理的一部分；他们将所见所闻融入大脑，成为自己的一部分（语言就是一个很明显的例子），这种记忆力的目的是为个体构筑一种行为，不仅适应自己所属的时间与空间，也适应社会的精神意识。

当孩子们长大成人，他们就像其他成人一样不再具备这种能力，即使将来他们自己发现自己的偏见，从理性的角度应该拒绝的偏见，但他们却已经很难摆脱这种已经融入他们血脉的东西了。

如果我们想要改变一个国家的风俗习惯，或者想强化某一民族的特定性格，就必须从孩子们身上找到突破口。因为孩子有比成人强大得多的可塑性，他们比成人更能接受其他外来因素的一些影响。

第十一节　模仿与准备

人类生来就具备有意识改变自己、以趋于完善的能力，我们只有清楚孩子需要多大程度上的帮助才能为他们的发展提供帮助。我们如果想要弄清楚这件事情，就必须对孩子多加关心和观察，真正发现孩子的需要，而不是一味地、自以为是地主观认为。

两岁是孩子的语言爆发期，在这个时期来临之前，孩子已经在开始表达自己的思想了。一岁半的时候，正是孩子在不断努力、为此进行准备的时期。

这个时期应该特别注意不要人为去干涉孩子的发展过程，在为孩子发展提供帮助的同时不要去打乱生命的自然规律。

研究表明，孩子在开始模仿之前，首先要能够理解。

在人们普遍的认识中，孩子对成人有模仿的趋向，所以认为成人应该规范自己的行为为孩子做好榜样，尤其是孩子的母亲和老师更要尽量做到完美无缺。

事实上，孩子在模仿之前必须有所准备，这种准备来自潜能的发挥，孩子对成人的模仿只是外在的，成人刻意为孩子做好榜样却未必能产生好的效果。

孩子富有创造性，他们一旦开始模仿，常常会超过模仿的榜样，在某些方面，他们会比他们所模仿的成人做得更细致、更准确。

道理很简单：一个想成为钢琴家的孩子，他不仅要会弹琴，还必须不断练习，以此提高手指的技巧，还要对音乐有自己的理解。如果只是一味地模仿，孩子永远不可能成为钢琴家。我们自身缺乏理解力，经常用模仿的方法教育孩子，试图让他们达到更高的水平，这其实是不现实的。比方说，我们常给孩子讲英雄的故事，但我们却很少有人去反省一个问题：难道孩子听着这些故事长大后就能成为英雄了吗？如果孩子缺乏深层的心理准备，这一切其实毫无意义。

事实证明，没有人能通过模仿变成英雄。

榜样只是能激发孩子的兴趣，通过对榜样的模仿可以促进孩子的学习，但在模仿之前，孩子需要做出很多努力以便获得模仿的能力。而孩子模仿另一个人的时候，却常常因为受到各种内在的、外面的环境制约而得到与被模仿者完全不相同的结局，不管模仿的相像程度有多深，模仿者都不可能取得和被模仿者一样的成绩。

人类生来就具备有意识改变自己、以趋于完善的能力，我们只有清楚孩子需要多大程度上的帮助才能为他们的发展提供帮助。我们如果想要弄清楚这件事情，就必须对孩子多加关心和观察，真正发现孩子的需要，而不是一味地、自以为是地主观认为。

这个年龄阶段的孩子总是在努力完成一件在成人看来滑稽可笑的事情，不过，他们从来不去理会成人的想法，他们会自己坚持着想要把事情做完。这种行为其实是受孩子内心需求的驱使，在这个时候被打断的话，他们的性格发展会被打断，同时他们还会失去行动的目的和兴趣。遗憾的是，成人常常都在生活中做着这类的傻事，还固执地认为自己的做法是对的，是为孩子在成长过程中少走弯路而努力。

人的一生都是在为将来做着准备。据统计，历史上有成就的伟大人物在人生的这一时期很少受到干扰。

在日常生活中，我们应该让孩子完成一些在我们看来微不足道又可笑的事情。

比方说，一个两岁的孩子会去拿很重的东西，他们这么做也许在成人看来很难理解，他们本身也没有抱什么必须要完成的目的来做这件事情，他们不过完全是受内心愿望的驱使，做这件事情的时候完全没有考虑应该或是不应该。

孩子们也总喜欢帮大人摆弄桌子，他们做这些事情的时候虽然费劲却不知疲倦。其实，只要这些事情无关律法和道德因素，我们就不应该阻止他们进行这类的活动——因为，这是孩子的心理需求。

很多成人总担心孩子累着，担心他们这些无秩序的动作会伤害到自己或是破坏成人周围原本的秩序，为此，成人们想尽办法让孩子安静地坐着。这种做法其实阻碍了孩子的发展，会对他们的心理发展造成不良的影响，很多精神疾病就是这样逐渐形成的。

我们常说的持之以恒的精神，本身也是一种准备。

很多成人不喜欢爬楼梯，这是因为他们爬楼梯是有目的的，带着这种目的，他们总觉得很累——在生活中你绝对看不到一个成人把爬楼梯当作一种游戏乐此不疲。

孩子们却很喜欢这种游戏，他们爬上爬下地循环反复着，不知疲倦。这些行为并没有外在的目的，事情的结果就是满头大汗。当然，这也肯定不是他们想要达到的目的，他们做这些只是为了满足内心的欲望，他们是在通过这些行为锻炼协调运动的能力。孩子只有具备了这种能力以后才能模仿成人的行为，只有到了此时此刻，环境才能激起他们的兴趣，他们内心才会出现模仿的渴望，他们才会在看到人们做某件事情的时候自己也跟着去做。

对孩子来说，行走是最自然不过的需求，他们必须具有各种成人的能力才已经算是长大成人了。

孩子其实很乐意克服行走带来的困难，他们心情好的时候可以走两公里以上的路。

成人却在无形中要求孩子的步幅和自己的一样大，所以他们常常认为孩子根本走不了很远的路。这种现象就像成人和马一起跑，成人永远跟不上马的速度一样。

需要注意的是，孩子在行走的时候不是想要到达什么目的地，他们只是想走走而已。他们行走时不只使用腿，一双眼睛也没闲着。他们愿意走远一些，是因为在行走的过程中他们可以看到一些有趣的事情。他们是在不知不觉中走出几公里的路的，他们的腿还很短，也还没有习惯走路，所以成人在带着孩子一起走的时候一定要注意遵循自然规律，不能要求他们走得太快。如果一定要和孩子一起保持同样的速度前行，不如减慢自己的步伐。不只是在走路问题上，其他方面也一样，成人想要帮助孩子，就不应该违背这些规律，更不能将自己的愿望强加给他们。要想真正给孩子帮助，就一定要站在孩子的立场上，用他们的频率来思考。

孩子具有不断发现的本性，行走中的孩子就像一个探索者，他们不停地走，会不断地发现新奇的东西。学校应该注意到孩子这种探索活动，应该尽早帮助他们开展这种活动，多带孩子到户外活动，让他们能观察到自己喜欢的东西。老师们还应该指导学生区别各种颜色，识别各种树叶的形状和纹理，这些东西一定会引起孩子们的兴趣。只有扩展了孩子的兴趣，才能使他们具备创造力和探索能力。

从健康的角度来说，走路对人体也是非常有益的，它不但能改善人的呼吸，还能提高消化能力，不论对孩子还是老人都是一种很好的强身健体的锻炼方式。

在路上行走会有很多发现有趣事物的机会，如果对这些东西进行观察、进行鉴别，这些活动对各个器官的使用并不亚于任何体育锻炼，还能够增长知识，提高对事物的兴趣。所以，我们应该让孩子多走路，以开阔他们的眼界，如此一来，孩子的生活也就越来越丰富了。

随着现代社会越来越便利的交通服务，现代教育更应该遵循这条原则，多给孩子行走的机会。假如把生命分成两个部分，用肢体来游戏，用大脑来读书，人生就不会比过去更完美。生命是一个整体，在孩子成长的过程中，就应该遵从这个自然规律。

第十二节　运动对儿童的意义

人是一个有机整体，各个组织器官是互相联系的，完成一种运动需要几个部分的协调工作，只有同时发动其他器官投入工作，大脑才能发挥作用，也就是说，一种精神状态需要通过相应的运动来获得。

现代教育更多地注重智力培养，忽视了运动的作用，也忽视了运动与心理发展之间的联系。

通过研究我们发现，人体由三个主要部分组成。每个人都有一个复杂的大脑，有能够搜集各种信息、传递给大脑的各种感觉器官，还有配合人体神经系统做出各种运动的肌肉，这个精密的组织使人体的运动得以实现。

不管人类多么富于思考，他们的意愿都只有通过肢体的运动才能得以实现，即便是好思考而少活动的哲学家，他们的说话和写作都离不开肌肉的运动。人是会思想的动物，如果人类不能表达自己的思想，任何高深的思想都会失去价值。所有动物都在用运动来表达自己，如果忽视运动，就有违自然逻辑。

人要与周围的环境建立必要的联系不仅需要神经系统发挥作用，更离不开肌肉的协调工作，所以人们把大脑、感觉器官、肌肉组织三者称为“关系系统”，它们负责与外界接触，负责将人体和外在环境之间做出反应。人体的其他组织被称为生长系统，它们只为人体本身服务，它们的作用是保持人体与外界的联系。

神经系统是人类所有灵感的源泉，如果它们不发挥作用，我们就感觉不到美丽的世界，也不能因此形成自己的思想。所以，我们不应该认为神经系统只是一个生理组织，从而忽略了人类自己与环境的协调关系，只提高精神层次会导致严重的错误。

虽然大自然没有赋予动物思想，却赋予了它们美丽的躯体和优美的动作，它们还能通过行动来表达自己，它们与自然的和谐一致还含有更深远的目的。

人类也是大自然的一员，人类的生命也有其目的。所以，只提高自己的精神层次是远远不够的，大自然赋予人类能够追求更高的生理和心理境界的能力，人类的精神素质不仅是为了满足自己，还应该在整个宇宙精神中占有一席之地。

我们要将自己的精神力量发挥作用，以此实现人类之间的关系，大自然赋予人类许多能力，我们必须将这些能力发挥出来。如果人类只注重自己，就会把自身的精神层面降低到生长层面。

人是一个有机整体，各个组织器官是互相联系的，完成一种运动需要几个部分的协调工作，只有同时发动其他器官投入工作，大脑才能发挥作用。也就是说，一种精神状态需要通过相应的运动来获得。

我们常常错误地把运动割裂开来，仿佛运动是单个的事情，与人的其他机能没有关系，这个错误导致了运动与思想的脱钩。

实际上，这两者是一个互相联系的整体，两者紧密相关。

成人在设置课程时，不仅要考虑儿童的大脑，同时要考虑儿童的身体，如果将身体与思想分开，不管忽视其中的哪一部分，都会破坏人体机能的连续性。运动并不只为了强身健体，而要服务于整个大自然。

运动表达了更高的生命形式，它离不开大脑，不只是机体的动作。如果人体和低级生物一样没有大脑，人的发展就只会处于生长层面。

人的思想必须通过肌肉才能准确地表达出来，运动和心理活动是紧密相连的，而且会对孩子的心理发展产生直接的影响。如果将运动和心理活动分开，人就无法实现独立，也不能发挥自然赋予人的智慧。运动对心理和精神的发展很重要，对于儿童来说，这种重要性更甚，儿童的大脑发育是通过运动完成的。

研究表明，儿童语言能力的提高与发音器官肌肉的成长同步，儿童理解力的发展也离不开运动。运动会促进大脑发育，大脑反过来又促进运动机能发展，构成一个循环过程，在这个过程中，器官也在发挥着它的作用。如果一个儿童的感觉器官活动机会少，心理活动就会处于较低水平，这两者是相辅相成、互相促进的。

科学将大脑所控制的肌肉称为随意肌，这些肌肉受意志控制，从某种意义上来说，这些肌肉就是一种心理器官。

人体的大部分是肌肉，骨骼支撑着肌肉，它们一起形成了一个相似的系统。

随意肌的大小、长短和作用各不相同，如果一块肌肉向某一方向拉动，另一块肌肉就会做相反的动作，这两块肌肉之间相反的力量越大，运动就越精确；如果重复做一种运动，两块肌肉的活动就会更加和谐。

这种内在的和谐存在于所有动物身上。对于人来说，运动机制并不是生来就有的，他们在儿童进行各种活动时形成并逐步得到完善。人体的肌肉丰富细致，可以完成任何形式的动作。所有活动都离不开这种运动机制，初生婴儿并不能完成必需的活动，这说明人类只是具有一种达到和谐的潜能，这种力量一旦被激发，就能在活动中得到完善。

人类虽然不能像动物一样生下来就有一种固定的运动方式可以选择，但人类能够经过婴儿期的练习掌握所有运动，而且做得比动物好。这些潜在能力需要人的努力才能发挥出来，人类只有经过大量的重复练习，神经系统传达意志的指令，肌肉的活动才会协调一致。

现实生活中，人并不能完全发挥自身的潜力，就像无论多么优秀的运动员都无法发挥肌肉的所有能力，不管多么精细的动作，都不可能用尽肌肉的潜在能力。人类的这种潜能是无穷无尽的，这就好比一个继承了巨大财富的人，不论怎么慷慨都无法用完他所继承到的这些财富一样。

一个婴儿将来可能成为运动员，但并不是说他生下来就已经具有了运动员的肌肉，任何一种职业的人都不是与生俱来就拥有从事该行业所需要的本领的，成人的各种能力都不是天生的，他们需要用意志来发展自己。他们没有什么天生的本领，他们身上只是蕴藏着无限的潜能，通过自己做出的选择，通过不断的训练获得这种能力。

每个人都有不同的发展方向，这也是人与动物的一个最大不同点。即便是在同一种技艺的学习中，人与人之间也会出现差别。比方说我们常见的写字运动，不同的人写相同的字，风格一定不同，推诸个体的其他行为方式也有相同的效果。

工作对人的重要性不单表现为支持生活需要，人们还要通过工作来表现自己的价值，人们在工作中得到自信和肯定。

工作不仅是思想的表现，也是人的运动潜能的发掘，它需要思维和运动共同完成。如果说一个人只从事单调繁重的劳动，他的心理发展将停留在一个较低水平，肌肉组织也得不到完善的发育。所以，从某种意义上来说，一个人的工作将影响他的心理生命。一个不工作的人，不仅生理生命会大大降低，心理生命也会受到压抑。在生活中从来就没有出现过某一个不工作的人或是工作少的人的寿命一定会长过那些处在适当的工作中的人，倒是会有不少的疾病能因为适度的工作而消失掉——比方说体育和游戏等活动都能够防止肌肉功能退化。

运动对孩子发展有重要的意义，孩子只有提高了自己的运动协调能力，才能够完善心理发展。同时，心理发展又能促进运动能力的提高，如果离开了运动，人的大脑不会独立发展。运动建立在人与环境的联系之上，它们为人的整体服务。所以，学校教育不应该是单一的体力锻炼或是单一的智力培养，而应该是交替进行脑力和体力的训练，通过锻炼好孩子的肌肉组织让他们的心理方面得以有更好的发展。

我们只有认识到运动对人类的意义，才能让那种自我完善和自我实现的自我中心主义价值观得以消失。运动是生物与非生物的基本区别，生物的运动不是随机的，它有一定的目的。大自然的基本性质就是运动，我们无法想象如果所有运动都停止了，这个世界将会变成什么样子。

事实上，绝对的静止并不存在，假如自然的运行真的停止了，生物将毫无目的地运动，整个世界也将陷入一片混乱。

在大自然完美的设计里，所有生物都有自己的运动方式和发展目的，所有运动之间保持着一种和谐，并井然有序地进行着。

对于人类来说，工作与运动不完全相同，两者却又有着不可分割的关系，人们的生活离不开工作，人类生活离不开运动。人的运动还有社会功能性，如果运动只是单纯地锻炼体质，人类的潜能就得不到利用，从而失去创造力。

社会是一个有秩序的整体，建立这种社会秩序离不开运动，每个人在服务自身的同时也要服务社会。不论是对人还是对动物，行为都是一种有目的性的运动，这种行动是生物行动的核心。人的行为不仅要实现个人目的，还要服务他人。比方说跳舞，它虽然是非常个人化的运动，但如果没有观众的欣赏，它的乐趣和意义就会大打折扣。

运动是自然的规律，任何生命都依赖于特定的运动，对运动作用的认识，可以帮助我们理解儿童的行为，对他们进行更好的指导。

第十三节　天才的秘密

天才们所发现的事物本身并非有多么独特的价值，让他们做出惊人发现的是他们在同一领域对事实进行的分辨。这就像是珍宝隐藏在一堆看起来并不起眼儿的普通石头里，它虽然一直存在，却没有人注意得到。

实验发现，社会对孩子有着无意识的压抑，这种无意识的压抑增加了人类的负担，使孩子的内心受到了伤害。

心理学家贝恩说：天才们具有很强的、相似的联想能力，这就是天才最基本的特点。

天才有一种在意识上将事实分离出来并把它与其他东西区分开来的能力，他们的思想会在意识领域内发生巨大的革命，为人类做出卓越的贡献。

需要强调的是，天才们所发现的事物本身并非有多么独特的价值，让他们做出惊人发现的是他们在同一领域对事实进行的分辨。这就像是珍宝隐藏在一堆看起来并不起眼儿的普通石头里，它虽然一直存在，却没有人注意得到。与此相似的是，许多人都是在真理被发现以后才大发感慨，这原来就是我们一早熟知并一直在引用的道理。

真理并非一下子就变得价值连城了，让它们变得有价值的是那些认识了真理并将真理付诸行动的人。

真理的发现都是经过一些波折才能够被社会所接受的，它是人类智力劳动的产物，并非一早就存在于人的大脑之中。刚开始时，真理往往被斥责为奇谈怪论，受到众人的排挤，一种新的观念进入人的大脑需要人类智力的协调与配合，同时也需要时间。

哥伦布发现新大陆和伏特发现电的过程都说明了这个问题。

伽利略站在比萨教堂下看到左右摆动的吊钟，发现钟摆来回摆动的时间是相同的，从此人类开始用钟摆计算时间，天文学家也开始计算宇宙。牛顿看到苹果从树上掉下来，发现了物体的重力，开创了万有引力定律；在瓦特面前，一个小小的壶盖却有了推动人类历史发展的魔力，通过壶盖的启发，他发明了蒸汽机，推动着人类往前进了一大步。在他们提出这些发现以前，这些真理已经确实存在于人们的生活中很久了，只是没有人发现和运用而已。人的大脑所遇到的阻碍越大，他的智慧就被浪费得越厉害，智能的力量会被大大地耗散，不但会导致大脑推理活动的停滞，甚至会让人看不到事实。在这方面，生物学领域有一个很好的例子：生物学家们最初认为血液循环系统为脉管的一个封闭系统，它不会被像微生物这样不锐利的物体所穿透，但为什么疟疾的原生动物可以进入到循环的血液中去呢？很多生物学家一直认为病毒是从沼泽地里散发出来的空气造成的。在找到真正的原因之前，人们还认为桉树上的放射物会过滤、杀死空气中的细菌，却没有人想到疟疾原虫是怎么通过空气进入循环的血液中去的。直到罗斯发现人是在被一种特殊的蚊子叮咬以后才患上这种疾病的，局面才有所改变，人类在这方面的认知才向真理迈出了一大步。

还有一个明显错误的例子：古希腊时期，人们凭经验认为石头是从天上掉下来的，中国古老的编年史中也有陨石降落的记录。中世纪，关于陨石降落的记载很多了。让人觉得荒唐的是，1492 年，马克西米连一世却将一颗陨石作为借口发动基督教组织对土耳其人发起战争。1790 年，有人目睹了一颗 10 公斤的陨石落在法国塔斯肯尼地区，他们向巴黎科学院呈送了一份由三百个目击者签名的官方报告，科学院却说这是一份荒诞不经的报告。几年以后，契拉第里公开承认这一现象，却被诬蔑为对自然法则一无所知，是一个不考虑自己言行会给这个道德社会造成多大危害的人。一位著名的学者甚至咆哮说即使陨石从天下掉在他的脚下，他也不相信。

生活中，许多事实本来已经是众所周知的，但人们却对此麻木不仁。如果没有内在的注意力与其配合，刺激对于感官的召唤就是枉然。

我们要看见某一物质，首先它得出现在我们面前，同时我们的意识还须集中其上。如果某人的思维没有意念相伴，无论他的思想多么有力或者独特，事物都不能顺畅地进入他的意识之中。

意识不仅应该处于自由状态，还必须充满期待。

一个思想混乱的人，不可能在毫无准备的情况下接受突然降临的真理。如果一个人的内在活动不开门容纳事物，作为媒介的感觉也就毫无办法了。

智力像精神一样处于我们周围的环境中，它的作用有时包含着矛盾和错误，有时也许会导致人神志昏迷或心理失常，它的作用被我们低估了，它也像精神一样，需要外力的支持，否则就会慢慢枯竭。

培养智力的目的就是使智力免受疾病和死亡的威胁。我们对孩子的关注应该是有节制的，不应该随意强迫他们去学习，要让智慧之光永远照亮他们的心灵。

第四章　如何带好孩子

孩子只有在完成了他们认为重要的工作之后才会显现出真正的平静，即使劳累也看不到疲劳的样子，反而像刚享用了一顿美餐一样充满活力。正因为孩子能从已经完成的工作中获得平静，我们才更应尽可能地让他们接触重要工作。

孩子只有在找到自己心灵深处尚未被发现的潜能时，不安的心情才会得到平复。

只有聆听孩子生命活动的声音，我们才能帮助他们选择他们真正需要的工作。在没有压力的学习环境中，孩子反而显得快乐而友善，他们才会更自信地想和老师聊出自己真正的想法，这个时候他的心灵之窗才会真正地向成人敞开。

混乱和暴力只是一种感动的表现，人的主观意志不一定导致混乱和暴力。通常情况下，意志驱使人去做对自己有益的事情，大自然在产生生命的同时赋予了它成长的使命，儿童的意志当然也会顺应这一自然规则促进自身各种天赋能力的发展，使之形成完善的人格。

孩子在发展中获得多种能力以后，能够自由使用这些能力了，他们在平等的愿望中以老师为标准，向他们看齐，这种崇拜感会给孩子带来很大的快乐，激发他们学习的热情。

这世上每个人都是不完美的，每个人的生活都充满着错误，错误本身就是生活的一个组成部分，从某种程度上说每个错误都有其价值的体现。

绝大多数时候，错误本身不过是不够成熟的表现，它们会随着生命的发展和完善而得以改正，并不需要有人在一旁声嘶力竭地指正。

第一节　让我们成为爱的导师

孩子用与我们不一样的方式出现在我们面前，用他们不一样的、爱的方式促使成人积极进取。如果成人不愿意去改变，就会在孩子身上遭遇失败，以至于让孩子也变得顽固起来，变得跟我们一样麻木不仁。

成人无法想象孩子们已经准备好了服从我们的指令行事，孩子对成人的举动很在意、很敏感，他们很想听从成人的每一个指令。举个很简单的例子：母亲指责一个把拖鞋扔到床上的小孩子，告诉他拖鞋太脏了，以后不能再这样了，然后生着气把床单上的灰尘拍掉。这件事以后，只要孩子看到拖鞋就会说“好脏哦”，然后跑去拍床上的灰尘。

孩子对我们的行动如此敏感，我们一些无意的小动作和一些无心之间说的话都会在他们脑海里留下很深刻的印象，并且，他们会对照这些印象来处理他们日后在生活中遇到的一些事情。从某种意义上来说，对成人的服从是他们这一阶段生活的内容，他们对指引他们生活的成人又爱又崇拜，他们随时会对我们付出爱和尊重，听从我们的教导。不过，成人对这些已经麻木了，我们很多时候根本感觉不到孩子对我们的这种情感。举个很简单的例子：孩子深爱着自己的父母，这些具体到他们睡觉的时候要妈妈陪伴在身边，家人一起吃饭的时候他会要求和成人一起坐到餐桌前吃饭。但成人一般认为这样会宠坏他们，会给自己的生活添麻烦，所以他们会想方设法地拒绝孩子成为这个团体中的一员。等他们长大成人不需要我们这样陪着的时候，等他们为了自己的事业不能像小时候那样陪伴在我们身边的时候，我们却又开始感叹已经失去了人生中这个不复重来的机会。

生活中，孩子一醒来就会把还想睡觉的父母喊起来，很多父母为此很伤脑筋。其实，孩子并不是想当我们成人的老师，他们早上一起床就不由自主地到我们身边来是因为他爱着我们，他们克服种种困难来到我们面前，只是想看看我们或是亲亲我们。这样的感情在生命中又有多少呢？在生命中我们还能遇到像这样爱着我们的人吗？很多父母因为被吵醒而发脾气，找理由把孩子教训一顿，有的甚至还会想尽一切办法来纠正这个在他们眼中的孩子的坏习惯。对孩子的爱的表达如此麻木而无动于衷也就算了，居然还要把他们的爱当作一种错误，这实在是成人的可悲！

孩子用与我们不一样的方式出现在我们面前，用他们不一样的爱的方式促使成人积极进取，如果成人不愿意去改变，就会在孩子身上遭遇失败，以至于让孩子也变得顽固起来，变得跟我们一样麻木不仁。

第二节　让孩子做自己的主人

面对生活上诸多的新事物，孩子必须储备足够的精力——对一个精神不振、感情贫乏的孩子实施教育，是取不得什么效果的。这种孩子没有自信，也不懂规矩，要教会他们一些东西，真的会让成人感到筋疲力尽。

孩子具有多重性格，这种特质表现在他们的智力和外貌以及这两者结合以后的表现上，这种综合的表现无法从心理学的角度来分析。

我们可以用曲线的方式将孩子的每一个活动时间规律用图形的方式显现出来：在纸上画一条水平线，表示孩子处于休息状态，水平线以上是有规律的活动，水平线以下表示随意玩耍或没有规律的活动，曲线和水平线之间的距离表示活动的程度，曲线的方向表示时间的长短。孩子的活动曲线当然不能显示出他是如何完成每一个动作的，也不能显示出他怎么玩每种东西。孩子往往无法把注意力集中于某一件事情上，他们通常会漫无目地从一项活动转换到另一项活动，他们甚至可以把老师给他们准备用半年的教具在几个小时之内玩遍。孩子的这种毫无章法的行为是很普遍的，对他们来说也是很正常的。

从孩子的活动曲线图上我们可以明显地看出孩子的活动状况，他们不会很严重地、无秩序行事，但离完全有规律的要求还有一段距离。这类型的孩子进入学校以后趋向于做比较容易的事情，他们能从教具里找出自己已经熟悉的东西，重复练习他已经学会的内容，但用不了多长时间，他看上去会有些疲倦，不知道该做什么，活动曲线会下滑到代表休息状态的水平线。这种活动模式不是哪一个孩子独有的，所有的孩子都可能会出现这种活动模式。作为老师该如何面对全班孩子都出现的这种情况呢？缺少经验的老师可能会认为孩子已经完成了很多日常生活练习，他们是累了所以才没办法专心下来。一个容易心软并且对当前心理学理论有所了解的老师则会理所当然地认为孩子做那么多事会很累，所以他们会好心地打断孩子们的工作，带他们到外面去活动，去透气。

这些老师们忽视了一点：等孩子们外面疯玩了一阵以后，他们比没出去玩之前更好动，更不可能专心学习，他们会连续从一项活动换到另一项活动。这种假累的现象会持续下去，随兴所至的孩子被老师从室外拉回来以后很快就会烦躁起来，他们不仅没办法继续原来的事情，也没办法平静下来。

老师们平时虽然很用心地钻研了教学方法，但他们对孩子还是缺少足够的信心，不懂得尊重孩子的主权，他们在教学工作中已经习惯了干预和指导。这些不合自然规律的指导反而干扰了孩子的自然发展，妨碍了他们原本应该得到的启迪。

老师们对孩子们的假累现象无可奈何，其实他们要做的很简单：谦虚一点，不把自己的指导当作是必要的；树立对孩子的信心，尊重孩子的自由；把自己的思想观念先放到一边，耐心等待以后一定会看到孩子所发生的全新转变。

孩子只有在找到自己心灵深处尚未被发现的潜能时，不安的心情才会得到平复。

孩子在完成他们认识中的重要工作之后，即使真的觉得劳累了，脸上呈现出来的表情也跟假累的表情不一样，他们看起来会很平静，因为有了动力，身上充满朝气，眼睛都会闪闪发光。我们把这种现象称之为工作的循环，它一部分是单一的准备工作，引导着孩子们接触事物，并带领孩子进入第二部分——真正重大的工作。

孩子只有在完成了他们认为重要的工作之后才会显现出真正的平静，即使劳累也看不到疲劳的样子，反而像刚享用了一顿美餐一样充满活力。正因为孩子能从已经完成的工作中获得平静，我们才更应尽可能地让他们接触重要工作。

很多人认为，休息就是让身体完全松懈下来。诚然，当人体静止时，全身的肌肉比较僵硬；当人体放松时，身体才能得到歇息。

人体是由很多个器官组成的，当一些器官处在工作状态的时候，另一些器官正在休息，所以，我们也可以理解为，休息也可以是从一种工作状态转换到另一种工作状态。人的生命充满神奇，人只有从大脑的智慧劳动中才能得到精神的平静。

实际上，我们想让自己或是孩子精力充沛时，并不是完全松懈下来就好，相反，我们做各种各样的事情，才会让人体更具活力。

只有聆听孩子生命活动的声音，我们才能帮助他们选择他们真正需要的工作，在没有压力的学习环境中，孩子反而显得快乐而友善，他们才会更自信地想和老师聊出自己真正的想法，这个时候他的心灵之窗才会真正地向成人敞开。

面对生活上诸多的新事物，孩子必须储备足够的精力。对一个精神不振、感情贫乏的孩子实施教育，是取不得什么效果的。这种孩子没有自信，也不懂规矩，要教会他们一些东西，真的会让成人感到筋疲力尽。

孩子内在发展所需要的绝对不是服从于某个成人，如果我们一味地要求孩子遵从这些外在的东西，不给他们发展其潜能的机会，孩子是不会成为自己的主人的。我们一再地强调，在孩子成长发育的过程中，成人真正要做的就是引导孩子找到那条通往内心世界的道路，而不是一再地干扰他们正常的发展。

孩子在工作时越专心就越安静，他们也越能心甘情愿地遵守纪律，要在教学上达到这种程度，老师必须创造出一套特殊的沟通方式。

自律的孩子会习惯于工作，无事可做反而会让他觉得不知所措，在等人的时候都闲不下来的孩子更充满活力。其实，只要找对了方法，一件简单的事情就能让孩子变得遵守纪律，一个能自律的孩子也就这样踏上了自然的心理发展之路。

孩子越是做能够自律的工作，假累的时间就会越短，工作结束以后得以平静的时间就会越长。所以，成人应该让孩子有足够多的时间沉浸在自己已经完成的工作里，这一刻的安静对孩子有着特殊的意义：已经结束的工作会成为另一项观察外部世界的工作，它在前者结束的时候才刚刚开始，这时候孩子的内心得以安静，他开始注意观察周围正在发生的事，开始思考一些细节，从中找到新的发现。

孩子要达到专心的目的，需要经历三个步骤：首先应准备好有具体目标的工作，然后要满足孩子的内在发展要求，最后他们的疑问需要得到解答。

孩子的疑问得到答案的时候，他领悟到了自己从来没有经历过的事情，外在表现就会有所改变；即使我们之前并没有教育他们要听话、要有耐心，他表现出来的耐心和听话程度也会让成人感到惊讶。

孩子的心理发展过程跟他学走路一样，一旦身体掌握了平衡，他就会抛弃原来一步一个脚印时的小心翼翼，就能跑善跳了。同样的道理，一个精神上得到平衡的孩子才能开始专心思考，才能得以控制自己的行动，听从其他人的意见。

孩子对成人的服从是一种精神上的敏感，是心灵平衡的结果，更是内心力量的表现。

生物学家认为，一个人需要极大的力量来顺应自然规律，融入周围的环境，这种适应的力量在发生作用前已经存在于我们的身体里——当然，它并不是随用随有，只有我们事先做好了准备，它才能被运用得得心应手。

孩子要达到精神上的平衡和协调才能得到健全的发展，才有力量服从。自然界里只有强者才能适应环境，在精神上坚强的人才懂得顺应和服从。

孩子只有按照自己的天性来发展时才能茁壮成长。

健康成长起来的孩子，他日后的成就远比我们期望中的大得多。

孩子专注能力自由发展到了什么程度，就代表他们发展到了什么程度，他接下来的一切行为也变得理所当然。我们会发现孩子自己就能控制好自己的身体，他能自己做到行动自如，还能完全安静下来专心致志地工作，他们做事的专心程度比成人还强。

当然，在这里我并不是完全否定现有的教学方式而制定出一整套不同的教学原则，我是通过观察自主权受到尊重的孩子才了解到一些内在的规则其实是有它的普遍价值的，孩子们正是用他的本能的直觉找到了自己发展的道路。

第三节　服从意志的三个阶段

意志也是人的一种能力，它和其他能力一样，只有在不断的行动中才能得到发展。这种能力极为珍贵，它要在持续的行为中得以发展，极易被毁掉。我们不要去压制它，而应该努力去开发这种能力。

性格培养问题涉及意志和服从两个方面。

很多人认为这是两个相互对立的概念，他们认为教育就是约束儿童的意志，儿童就应该对老师无条件地服从，换言之就是用老师的意志代替儿童的意志。

之所以会出现这些不同的声音，是因为人类对意志领域的认识非常混乱，存在各种不同的理论。

当然，我不能强调说我的观念才是绝对正确的，我想借用一些实际情况来说明这两个问题。

我们前面谈到过一种理论，他们认为人的意志受宇宙力量的支配，这种力量与宇宙万物相连，不是物理意义上的力量，它促使生命不断演化，形成各种生命形式，是生命的原动力，人的行为也受到它的支配。儿童在有意识的行为之前，这种力量在他们的意识中发挥了作用；不过，人的意志并不是与生俱来的，它是在成长过程中渐渐形成的，是以实际经验的获取为基础的，是自然的一部分，其发展过程服从自然规律。

有些人看到儿童不服管束、不听大人的话，得出一种观点，他们认为儿童生来就无法无天，还有暴力倾向。

事实上，儿童的这种行为并不是他们意志的表现，他们的这些行为是不具有目的的，它和成人发怒有相似之处，都是在心理失去控制的情况下才会有的行为，这并不是一种理智的行为，更不是有意识的行为。它不同于我们日常生活中的说话、行事，我们平常的行为都具有一定的目的性，我们做这件事、说这句话是因为要解决一些问题，当我们发现这些行为与主观意愿不符的时候，我们会有意识地控制自己的意志。

混乱和暴力只是一种感动的表现，人的主观意志不一定导致混乱和暴力。通常情况下，意志驱使人去做对自己有益的事情。大自然在产生生命的同时赋予了它成长的使命，儿童的意志当然也会顺应这一自然规则促进自身各种天赋能力的发展，使之形成完善的人格。儿童在选择自己想做的事情并多次重复进行时，表明他们对自己的行为有了一定程度的理解。这些行为刚开始的时候是一种本能的冲动，后来渐渐变成有意识的行为，儿童本身对这种差别也是有感觉的。

意志也是人的一种能力，它和其他能力一样，只有在不断的行动中才能得到发展。这种能力极为珍贵，它要在持续的行为中得以发展，极易被毁掉。我们不要去压制它，而应该努力去开发这种能力。

人类的心理塑造过程是我们看不见的。在生命的创造和发展过程中，母亲和老师们只做了一些辅助性的工作，这些工作是不可缺少的，如果没有做好，就会在不经意间毁掉儿童的意志。在儿童意志发展问题上目前存在着很大分歧，其中不乏有害的偏见，其中一个最为普遍的就是许多人认为可以通过说教（通过孩子的耳朵）和树立榜样（通过孩子的眼睛）来完成对孩子的教育工作。事实上，这些成人在孩子的眼里最后都成了婆婆妈妈的唠叨精，他们那些自以为是的思想不但没有被儿童所接受，反而会引起儿童打心底里的反感，只能得到一个与初衷完全相反的结果。

人类完善的个性来自各种能力的协调发展，这离不开自由的行动。还有一种从古至今的偏见：人们把孩子看作被动的接受者，而不是主动的学习者。

世界各地的成人都试图通过神话故事来锻炼儿童的想象力，而事实上，那些只是成人的想象力，孩子的想象力并没有因此被激发出来，他们不过是听到了一些故事。

有些学校则根本不知道要训练孩子的意志力，老师们认为教育就是直接告诉孩子该做什么、不该做什么，孩子任何反抗的行为都会被认为是对社会准则的危害。除了说教，老师们把自己作为榜样供孩子学习。这种人为的、有意识地干涉孩子成长的错误观点对孩子意志力的危害更严重，老师们打着教育的名号却全力以赴地做着摧毁孩子意志的事情。我们必须抛弃掉这些偏见，要拿出面对现实的勇气，看清我们真实的情况。

很多教育工作者都认为孩子如果能服从老师就是最好的美德，如果孩子真的能做到这一点，教育就变得简单了。想一想，如果孩子们最终会学得跟自己的老师一样，人类大概也就止步不前了。

在孩子面前，成人很容易也很经常地把自己摆在高高在上的位置。实际上，孩子并不是一个只需要大人照料的人，他们体内自我创造的活动比老师和父母所能做的重要得多。

不幸的是，孩子们的这些创造活动往往得不到成人的认可，他们因此失去很多自然发展的机会。几千年来，成人在对孩子的恐吓中、在孩子的恐惧中得到了他们想要的纪律，他们把听话的孩子归类为好孩子，把不听话的孩子归类于坏孩子。然而，多年后，这些被成人们贴上标签的孩子最终的成就却与他们当初身上的标签没有太必然的联系。

这种极端错误的教育方法认为要使人服从就必须摧毁他的意志，如此一来，老师在向孩子传授知识之前就先毁掉了他们的思想。

正常的意志发展并不拒绝服从，如果给自由发展的机会，人的意志力在得到充分发展的同时也会自由选择应该有的服从。这种服从不是专制下的屈服，而是包含了尊敬的认可，老师的自尊心同样会得到满足。也就是说，意志力和服从意识是相辅相成、并行不悖的，意志力是发展的基础，服从是在这个基础上所做的选择，服从是一个人自由意志的表现，不再是单纯听从他人的支使。

实际上，服从是人类的一种自然特征，它在人类的生活中无处不在。不过，儿童身上的服从意识需要一个发展的过程，它只在人临近成熟的时候才会出现。社会生活中诸多事实表明人类是很习惯服从的，如果人的天性里不具服从的天性，如果人类进化中没有形成服从的品质，人类的生活完全不可想象。

人类并不缺少服从，那些盲目的服从、奴隶式的服从会导致一个国家和民族的灭亡，是我们的生活中应该避免的。所以，在我们的教育中也要尤其注意避免把孩子们带上这条过于盲目的道路。

研究发现，儿童的服从意识与个性发展基本同步，这种意识最初受本能冲动的影响进入意识层面，最终进入意志控制的领域。儿童对服从的发展并非他们单纯地完全按照家长和老师的指示去做某件事情，其发展要经历三个阶段。

首先是任性阶段。这个阶段的孩子没有理由地有时听话、有时不听话，他们的行为受本能支配。这种情况从胚胎发育一直持续到一岁，直至孩子六岁时这种状态才渐渐消退，孩子开始具备意识能力，开始实现自我控制。在这个阶段，孩子的服从意识与具备的能力紧密相关，他们的服从意识只取决于他们已经拥有的能力。

三岁以下的孩子还不具备有意识的选择，他们的心理发展还没有成型，他们不服从不符合他们内心需求的命令。成人也很清楚，只能用强制性的呵斥来禁止一个三岁以下的孩子做某件事情。

服从其实还可以是对他人意愿的满足。

孩子的内心正经历着成长的过程，在人格成型的过程中，孩子可能会服从某些要求，但不能说明他们就已经具备了服从意识，他们还需要一段巩固时间才能完全掌握这种能力。

孩子并不会总是服从于同一个命令，他们也许在第一次的时候服从了，第二次的时候却不干了，这种时候成人总认为是孩子在故意闹别扭，是他们任性的表现，因此对孩子进行训斥和责骂。这种做法其实会阻碍孩子们的发展。

对孩子最有害的行为就是在他们能力的成型时期打击他们的积极性。

我们不能要求一个还没有掌握自己行为的孩子去服从他人的要求；因为他们的能力尚不稳定，他们就表现得时而听话、时而不听话，这跟他们任不任性无关。生活中，成人也会有类似的情况出现。例如，一位乐手可能有些场次弹奏得很好，有些场次却演奏得很差，这同样不是他意志的原因，这种现象很大程度上取决于他们的弹琴技巧还不够娴熟。

总的来说，孩子服从意识发展的第一阶段很不稳定，表现为时而服从时而不服从。

第二个阶段的孩子控制自己的能力得到了加强，他们不但能听从自己的意志，还会随时服从他人的意志。他们已经能够领会他人的意图，还能通过自己的行为表达出来。这种服从的现象正是成人们希望看到的。

孩子在发展中获得多种能力以后，能够自由使用这些能力了，他们在平等的愿望中以老师为标准，向他们看齐。这种崇拜感会给孩子带来很大的快乐，激发他们学习的热情，他们围在老师的身边，等待着执行老师下达的命令。当孩子有这种表现的时候证明他已经到了服从的第三阶段——服从阶段，这个时期的孩子已经具有了服从的能力，形成了服从意识。

有位执教十年的老师告诉我，孩子们很听她的话。有一次，她对学生说：把你们的东西收拾好，在下午放学之前。她的话才说了一半，所有的孩子就开始收拾起来了，直到她把后半句说完，孩子们的手又都停了下来。在她的教学工作中，孩子们这么迅速地做出服从的动作是很常见的。有一次，她听到自习室里很吵闹，打算在黑板上写下“肃静”这个单词，她才写完第一个字母，教室里就已经安静下来了。

同样身为老师的我在工作中也多次经历过这种场面，我把这种现象称为静穆游戏，它要求所有人都保持安静，以产生群体意识。我将这个游戏做过很多次，发现随着游戏的重复，这种群体意识会得到增加，孩子们保持安静的时间也越来越长。再后来，我在这种游戏中增加了点名游戏，具体的做法是：在静穆状态下我轻声点学生的名字，被点到的同学不出声响地站起来，要尽量不弄出声音，与此同时，其他同学始终保持同一个姿势。最后一个被点到的孩子会坐很长时间，在这个过程中，孩子们的意志力发展到了很高的程度。通过这个游戏，他们的群体意识和服从意识都得到了很大的提高。

实践证明，孩子的服从意识很浓厚，不论教师命令他们做什么，他们都会马上去做。正是因为如此，作为教师的我们在工作中一定要慎之又慎，以免给孩子的意志发展带来负面影响。

第四节　错误以及改正的方法

我们不得不承认，这世上每个人都是不完美的，每个人的生活都充满着错误，错误本身就是生活的一个组成部分。现实生活中，成人都难免犯错，孩子更是很多时候认识不到自己的错误，但这并不意味着在他们犯错的时候必须马上有人站出来指出这些错误。

孩子们在一起所发生的事情如同他们在胚胎期发育中一样奇妙，我们在学校里经常可以看到这样的景象：只要我们能够提供给孩子一个好的创造环境和一些必要的经验条件，给他们做好安排以后，孩子一旦集中精力投入到他们的工作中去，就会越来越积极。这个时候老师完全可以什么都不用管了，站在一边去看着就好，孩子们会把手上的任务完成得比老师们想象中的还要好。

这个现象表明，我们不应该给孩子的世界太多的干涉，我们只要为他们创造必要的条件就好。如果是试图用夸奖、惩罚等方式来改正孩子的错误，这种做法本身就是极端错误的。不过，这种观点并不被大多数人所能接受，人们总担心着：不帮孩子改正错误的话，他们怎么能走上正道呢？

很多成人的意识中，似乎他们的工作就是为了批评并帮助孩子改正错误。大部分的老师会在孩子们的学习和人格修养上做出他们自己觉得应该做的批评和惩罚。

其实，不管是夸奖还是惩罚，在孩子们的工作进行中对他们做这些就都严重影响了孩子的精神自由。如果一个孩子的进步离不开夸奖或惩罚，就说明他们已经失去了自我约束的能力。让孩子自由发展，在不对孩子产生太大影响的同时，还能为他们带来更大的收获。

大都数情况下，成人给予孩子的都是惩罚，我想问的是：当老师们在孩子的练习本上打下低分数的时候就能改正他们的缺陷吗？孩子就能因此学到正确的知识了吗？要命的是，老师们往往还要把孩子揪到面前来指责一通：你怎么总犯这种低级错误呢？你怎么总把老师的话当耳旁风是不是？这样下去你别指望通过考试！

试问：老师这样子训斥学生一通，他们就真的能改正自己的错误了吗？殊不知，老师的这种态度不但不能激发孩子的学习积极性，还只会严重地打消儿童的热情和积极性。

要让孩子少犯错误，只需让他们在这方面变得熟练就好。一个已经落后了的孩子，再得不到鼓励和帮助，不更是雪上加霜吗？

那些动不动就用尺子打学生的手、揪学生耳朵的老师真的能通过这些体罚对孩子的提高起到帮助吗？老师们的这些举动，说白了不过是成人在自己的教育失败后的一种心理发泄，对改正孩子错误本身一点帮助都没有。就算把孩子的手打断，他们也不可能因为这一通打就写好字，更不可能因为耳朵被揪痛了就一下子变聪明了、会解某道题了。事实证明，训斥并不能改变不听话的孩子，只有让孩子和他的小伙伴们一起工作、学习，他们才会变得更听话，他们自身才能得到提高；孩子自身的缺陷只能通过他们主动的活动来实现修复。

现实生活中，成人都难免犯错，孩子更是很多时候认识不到自己的错误，但这并不意味着在他们犯错的时候必须马上有人站出来指出这些错误。世事本无绝对，成人的观点本身也未必就是真理；成人所谓的指正，也未必就真的能把孩子指到正道上去了。更可怕的是，很多成人为了维护自己作为成人的尊严，即便犯了错，也不会在孩子面前承认自己的错误，在这种情况下如果还要继续强求孩子一定要遵从成人的所谓教诲，他们离正道真的可能越来越远。

我们不得不承认，这世上每个人都是不完美的，每个人的生活都充满着错误。错误本身就是生活的一个组成部分，从某种程度上说每个错误都有其价值的体现。绝大多数时候，错误本身不过是不够成熟的表现，它们会随着生命的发展和完善而得以改正，并不需要有人在一旁声嘶力竭地指正。

生活中，成人和婴儿不过是所处的成长阶段不同，成人在生活中所犯的错误又由谁来当头棒喝地指出来呢？犯错是不可能避免的，错误本身就无所不在，想要用自己的观点来纠正孩子的做法，很多时候不过是引着孩子走向另一个错误。孩子和成人一样都追求完美，都具备在成长的过程中不断认识自我，不断改正缺点、提高自我的能力。

科学的发展都是从错误开始的，即使是再精确的学科，都和错误密不可分。科学的进步，本身就是一个不断纠正错误的过程。

一个科学结论的真实性与一定的误差相关，不允许不确定性产生的结果是不严肃的，在现实生活中也是不可能的。这是因为，准确的数据决定了科学的正确率，现实科学研究中绝对准确的数据不可能存在，都会有一个允许范围内的误差。科学成果并不是绝对正确的，它们一定存在某种程度的失误。

在我们平时的生活中这类似的事情很常见：尺子在测量物体时只能精确到一定的单位，抗生素等药物对病症的有效率是95%……

既然我们能接受错误和其他要素一样是事情的基本组成部分，既然我们知道生活中的每个人都难免犯错误，既然错误在我们的生活中不可能完全根除，我们就应该明确一个重要的原则：重要的不是改正错误，而是认识到自己的错误。每个人都有反省自身错误的本能，所以，我们真的没必要太揪着孩子的错误不放，这其实本身就是一种错误。

能够自行修正自己的错误是一项重要的能力，它对性格的形成有决定性作用，缺乏这种能力的人会陷入极度自卑中。我们与其不断地批评孩子，不如培养他们发现错误、修正错误的能力。

我们一定要知道，犯错误对孩子来说是很自然的事情，并非什么天塌地陷的大事。我们可以从培养孩子日常生活必备的常识开始，让孩子具备认识自己错误的能力，让他们能随时检查自己的方向是否发生了偏离。我们要让孩子知道，生活中每个人都是会犯错误的，如此一来，即使成人犯了错误在孩子面前也不会难堪了，也能更及时、全面地一起纠正生活中面临的种种错误。

孩子们发现错误最初大多是在游戏中。比方说，他们在玩堆积木的游戏时，就能发现：如果摆得太松，积木会很快垮掉。这时候孩子会对自己的作品进行一番研究，会检查问题出在哪里，并试图解决问题，他们会不断重复这个游戏来解决自己在游戏中发现的问题。这种成人不经意的游戏对孩子来说很有好处，首先可以锻炼他们的思维，同时还提高了他们对错误的控制能力。成人与其整天高度紧张地处在发现并纠正孩子错误的边缘，不如多想想一些有创意的游戏，并通过这些玩具让孩子发现自己的错误，走上不断完善的道路。当孩子具备这种反思的能力时，即使我们不在他们身边时时提醒，他们也能在成长过程中不断完善自己。让孩子对自己的能力有所认识，会激励他们学习、工作的愿望。

培养孩子养成审慎、自信的性格能让孩子受益一生。

我们说一个孩子聪明或愚笨，都对提高他们于事无补，往往还会适得其反，我们要做的是在创造认识自己错误的条件时对其进行教育，而不是单纯地说教、夸奖或惩罚。

养成孩子检查自己行为的习惯，对他们的发展将会大有裨益。

在我的教学生涯中曾经有过这样的故事：我们安排做“执行命令”的游戏。有一次，我命令一个小女孩子到外面去，把门关好，然后再回来。孩子想了想，依着命令走到一半又折回来问道：“如果我把门关上了，怎样才回得来呢?”

我也想了想，对她说：“是哦，这道命令有错误!”在承认了错误以后，写了另外一个命令让她去执行了。

错误会扩大人与人之间的距离，对错误的改正却又能把人结合到一起来，对错误的认识能拉近人与人之间的距离，并且增进关系；只要对错误有正确的态度，承认每个人都不完美，错误就不再是件令人难以接受的事情，反而会让人们在发现错误、改正错误的过程中得到乐趣，增进关系。

同样，在孩子的眼里，犯错是很自然的事情，当成人能正确对待自己的错误，错误就会成为成人和孩子之间的纽带，增进成人与孩子之间的交流，成人也不会因为要承认犯了错误而失去了尊严，孩子也不会因为成人犯了错而对成人失去敬意。

让我再重申一遍：错误不只是一个人的问题，它同时也是人们交流的一种媒介，每个人都应该改正自己的错误。

第五节　儿童的家庭教育

成人对孩子的误解从婴儿期就开始了，这种误解形成一道高墙树在了大人和孩子的心灵之间，将他们之间的距离越拉越远。

在现代家庭里，大多数家长对孩子的教育方法不外乎教孩子分辨对错，用自己的人生观和世界观来纠正孩子的不当行为。然而，很多时他们只能以道理劝说和口头教育为主，自己的言谈举止却与自己在孩子面前教育的这些原则不同，当孩子不能因此得以改变时，家长们开始有责骂甚至鞭打的恶行。孩子在家长面前完全没有自由平等的机会，他们不得不屈服于家长的“权威”。

不可否认，父母在孩子的成长过程中背负着两个重要的责任：一是必须展现出家长们说一不二的权威，二是自己的行为必须成为孩子的典范。父母在孩子未来发展的道路上扮演着决定性的角色，可惜的是，在现实生活中，父母可能因为忙活自己的事业或是本身条件的局限性，不能为孩子的成长提供正面的帮助，或主观或客观地放弃了自己的重大责任；很多时候他们甚至不经意间成了孩子学习的反面教材——当父母在孩子面前互相指责对方缺点的时候，他们的行为同样会被没有辨别力的孩子所模仿。在教育孩子的过程中，很多时候身教是胜于言传的，身教的内容更容易被孩子所接受——这种接受甚至是孩子自己都没有觉察出来的。

当然，要让家长们一下子做到十全十美，教育子女、改正子女的缺点，帮助他们取得进步是不现实的，实际生活中会出现很多父母们无法回避的困难和矛盾。父母们也都不是圣人，他们本身就存在这样那样的缺点，这些都会影响他们对孩子的教育方法。

比方说，在生活中父母们必须要面对的一个教育问题就是，教育孩子一定要诚实。

我身边有位妈妈是这么做的，她向自己的女儿描述了许多说谎的卑劣行为，同时对那些即使面对磨难、做出牺牲也坚守诚实的勇气和坚定意志的典范加以了赞美。另外，她还教育孩子说身处幸福的人更应该维护自己的尊严，给那些贫穷的、没办法得到良好教育的人树立典范……总之，为了让孩子认识到诚实的重要性、学会诚实的处世方法，这位母亲真可谓是费尽心机地让孩子去理解说谎会让人犯下的一连串错误。

有一天，这位妈妈的朋友打电话请她去听音乐会，她不想去，并在电话里推辞说自己头痛得厉害，没办法应约前往。

母亲的电话还没讲完，她的女儿就尖叫了一声，整个人跌坐在地上，用手捂着脸哭道：“妈妈在说谎！”

可见，这件小事彻底地摧毁了女儿对妈妈的信任，也在她和妈妈之间树起了一道隔离的高墙，她对妈妈的社交认识产生了疑惑，对妈妈说的话也产生了不信任。试想一下，那个女孩子还会对母亲跟她说的那堆诚实的道理信奉有加吗？这位妈妈之前所有费尽心机的教导在这一件事情面前全部都被推翻了，她自己本身的矛盾做法不但帮助不了孩子树立诚实的品质，还会让她的孩子产生困惑和不解，不知道要如何来面对母亲的前后不一，更不能确定自己将来的处世方法到底该如何来做才好。

现实中我们的生活里又有多少这样类似的事情呢？我们一方面不厌其烦地试图培养孩子诚实的习惯，另一方面却从不反省自己的日常言行，不经意间成了孩子学习的坏榜样；我们处心积虑地想培养孩子诚实，却让孩子处在谎言的包围圈中，这样做不但是欺骗了孩子，同时也是自欺欺人。

很多父母认为自己为孩子付出了全部的爱，孩子就应该毫无异议地听自己的话，应该毫无保留地爱他们。这种想法其实也是父母单方面一厢情愿的想法而已。很多时候，孩子纯真的思想反倒能成为父母的老师。有这么一个真实的故事：有位好心的妈妈想让她的儿子上床睡觉，小男孩儿一再恳求她让他把已经做了一半的事情做完再睡，妈妈不肯，他只好先上床睡了。不久，妈妈发现他居然偷溜下床又在做他想完成的那件事情！妈妈很生气，认为儿子不爱她，把他骂了一顿，还让他为自己的说谎行径道歉。小男孩儿很委屈地解释着：“妈妈，我很爱你，但我跟你说过我想做完这件事情再睡，我并没有骗你。既然没有说谎，为什么要道歉呢？”

这种情境下，孩子和妈妈的身份互换了似的，孩子比妈妈更像一个大人在说话，而妈妈却更像一个无理取闹的孩子。

还有一个例子。一个当牧师的爸爸带着自己的女儿去教堂，有一天他讲到人要有同情心，要爱护穷人和苦难的人。她的女儿被爸爸的讲道深深感动了，回家的路上她看到一个乞讨的小女孩儿，同情心让她跑过去拥抱并亲吻了那个乞讨的孩子。她的爸爸被她吓坏了，一把拉回了他穿戴整洁的小女儿，一路上不停责骂孩子，回到家里就帮她里里外外地洗了个干净。从此以后，这个孩子再去听爸爸讲道的时候，她再也没有什么特别的感觉了。

像这样类似的事情在我们的生活中时有发生，父母和子女之间存在着许多冲突与不和谐；孩子把父母那些自以为是的态度和不恰当的行为都看在眼里、记在心里，由此在他们与父母之间划出一道没有人可以跨越的鸿沟。这些隐藏的矛盾爆发的时候，父母凭借自己的强大采取高压手段来制服孩子，强迫他们服从自己，这么下来，他们虽然保持了自己在孩子面前的威严形象，却往往从此失去了孩子的信任和服从，在他们赢得“胜利”的同时也失去了孩子对他们的信任，失去了他们和孩子之间的自然情感和信赖。为了适应成人的不当行为，孩子不得不刻意压抑某些生理反应，他们会因此落下各种疾病；孩子的内心无法得到需要的慰藉，人格也开始向不良的方向发展。

成人不经意间对孩子的伤害会触发孩子自我保护机制而引起他们的一些不良行为。比方说，产生以羞怯的姿态和故意说谎来掩饰其不乖的行为。他们的恐惧感和说谎一样，是被迫屈和顺从而引起的，这种情绪使孩子把想象和感觉混为一谈，它们常常地发生在孩子身上对孩子造成的伤害要比其他情绪更严重。成人压制了孩子的自然冲动，妨碍了他们做有用的事和发挥潜能的行为，在孩子按照自然法则发展的道路上成人成了绊脚石，迫使孩子走了许多冤枉路，使他们陷入一大堆毫无意义的学习中，而他们生来具备的那些克服困难的能力在不知不觉中受到了影响，在认命、听从大人的指挥中对所有的事情开始淡得索然无味。如果成人能认清楚这一点，还会那么理直气壮地觉得自己的行为很合理吗？

另外，孩子身上还容易发生一种“被动模仿”的弊病。

进步是一种自我、内在的工作，光学别人是无法进步的。现实生活中我们会发现有些孩子会一味地学习别人的样子，与其说这是一种自我改进和成长的方式，不如说他们走上了一条通往堕落的道路。我们无法估量孩子内心被压抑着的期望，这些欲念不曾有机会得到控制，也无法得到实现，它们却一点点地不停地吸引、诱惑着孩子。设身处地地想想这些事情就算发生在我们成人身上都是件很麻烦的事情，更何况那么小的孩子们！

当孩子的想象力一旦接触不到自己感兴趣的东西时，就会失去自觉性，在物质世界中漫无目的地寻找，但因为他们缺乏对现实的体验，他们往往离真实的世界越来越遥远，只能陷入无益的空想中，生活也变得不太正常，他们弱小的灵魂不停地抗争着以保护自己，他们只能任性、生气、哭闹或耍脾气来表达自己的反抗。成人们在抱怨自己的孩子不乖的时候，真的应该好好检讨一下自己对孩子的教育方法是否正确。

很多时候，孩子的故意调皮捣蛋其实是他们愤怒和反抗的另一种形式；要命的是，这些“小麻烦精”很可能会成为其他孩子的模仿对象，而大人们对这些孩子往往疲于应付，只能像对付一个无视法律、闯入圣地的敌人一样敌对。我们知道，在成人的世界里，一旦对立起来的两个人，连交流都会产生问题了，更何况改变对方、让对方来接受自己的观点?！在这种冲突中，作为弱势群体的孩子当然无法取胜于成人，他们往往慑于成人的强势不得不接受成人的安排。与此同时，孩子的神经系统就会因此受到伤害，导致他们可能出现失眠、噩梦、消化不良等情况发生。这个时候，大人们在爱的驱使下又来想尽办法对孩子进行各种各样的治疗。这其实是一种恶性循环，成人和孩子都在这个循环中深受其苦。而在这个过程中，孩子受的影响最大，他们甚至会为这些原因改变自己的整个人生。

要避免这种情况其实很简单：让孩子受到压制的精神重获自由！

对于让孩子自由发展，千万不能理解为不去改正孩子的缺点，更不能因此就无视孩子的所作所为，这样反而会让孩子产生情绪上的问题。所以，在应用教育方法之前，我们一定要先思考真正发生在孩子身上的问题是什么，然后再考虑该怎么办，这样才能满足孩子的心理需求。

孩子不是一只仅仅需要喂养的小动物，单单提供均衡的营养和生活环境是不够的，除了科学地照顾好他们的身体，父母还要为他们的精神发展开辟道路，从他们出生的第一天起就尊重他们的精神冲动，并寻求帮助他们成长和发展的方法。

孩子在没有大人干扰的情况下自己完成一件事情以后的那种骄傲和高兴的表情，宣告了他丰富的内在潜能和表达的需要。我们要引导孩子，给他们创造机会，以开发他们的潜能。

几把适合他们身高的小椅子，一个孩子能打开抽屉的柜子，一些孩子能够使用的日常生活用具……一些小细节构成了一个孩子能把握的生活环境，在这种情况下，孩子的生活积极性和学习积极性都会大大提高，整个人会养成健康的生活习惯，孩子整个人都会安静下来，变成一个不哭不闹、温驯懂礼的乖孩子。

父母要做到这一点，就必须对孩子的生活进行必要的观察，在孩子的精神展开之前就觉察到他们的需要，这样才能及时地提供孩子需要的生活环境。

成人应该在本着尊重孩子的一切合理活动的原则上，试着去了解孩子的活动目的。在此，我提出以下几点建议。

首先提出的原则是：及时发现孩子在生活中展现出来的内在潜力。

孩子的内在潜力是促使他们向各方面努力的动力，它会通过孩子平常生活中的一些行动表现出来，大多数情况下，成人往往忽视了它的存在。

大部分的时候，我们只看到了孩子某项举动，却没有用心去考虑孩子这个举动后面隐藏的深层含义，更加不会认为那是孩子再也受不了压抑而终于爆发出来的心理偏差。孩子行动后面的真实目的当然不是那么显而易见的，它需要我们相信他们拥有善良的本质，对他们的举动做出正确的评价，随时做好发现孩子善良一面的准备。

我曾经观察过一个婴儿发现自己双手的全过程。三个月的时候，她竭力想要看清楚自己的手，当时她的手还太短，只能用力移动眼睛才能看到。她身边虽然有很多对她来说很新鲜的东西，但对那些我认为中她会感兴趣的东西她统统视而不见，她最感兴趣、最想看到的还是自己的手。她甚至对我拿给她玩耍的一些玩具都不在意，张开着小手看也不看就让它们从手上掉下去了。不过，从此，每次试着抓起什么东西的时候，不管有没有抓着，她的脸上总会出现灿烂的表情——为了满足自己的这种内在需求她甚至放弃了舒适的表现。

六个月的时候，我给了她一个银色的、能摇出声音的摇铃，教她怎样才能将摇铃摇出声音来，玩了几分钟以后，她把摇铃扔了，我帮她捡起来放回她手里，她又把它丢了，反反复复丢了好几次，像是故意为之，为的就是让人立刻帮她捡回来。有一天，她拿着摇铃的时候不再像以往那样将手全部打开，让摇铃掉下去，而是先放开一个手指头，然后再依次放开另外几个手指头，直到五个指头全打开时摇铃才掉下去。此时她关心的不是摇铃，而目不转睛地看着自己的手指头，并重复着刚才一根一根张开手指头的动作，并继续观察着。显而易见，她关心的并不是那个摇铃，而是她那双手上所有手指头之间的游戏，是对手指头所做的观察使她感到快乐。

这个例子充分说明了孩子在生命早期的简单需要，可很多时候，成人并不觉得这是孩子的需要，相反地，为了不让孩子惹麻烦，不让他们对周围的物体造成不必要的伤害，成人们会给孩子的手戴上手套。这种无知的善意压制了孩子最好、最自然的智能发展方式。孩子在游戏中被中断而哭闹起来的时候，爸爸妈妈们往往认为孩子哭得一点道理也没有，认为这就是孩子不乖的一种表现。为了扼制孩子的这种不乖，父母们想了很多办法来约束、惩罚孩子，这也加深了亲子之间的矛盾。

成人对孩子的误解从婴儿期就开始了，这种误解形成一道高墙树在了大人和孩子的心灵之间，将他们之间的距离越拉越远。

有这么一个真实的故事：一个一岁左右的男孩子，一天他看到了妈妈在他出生以前画的一些图画，他很喜欢画上的小孩儿和花草，他把鼻子贴上去像是在闻花香、亲图案上的小孩子。旁边的成人看到他的举动，觉得他太可爱了，并拿起蜡笔、送上枕头给他亲，孩子脸上原本智慧的神情被困惑所取代——孩子正在形成的分辨能力被成人所挑衅和干扰，他独立发展的道路因此受到了钳制。

在教育孩子的问题上，很多时候成人犯了错却毫无知觉，他们无知地抑制了孩子自然的行为反应，把孩子弄得不知所措以至无助流泪时，成人却又不知道孩子哭闹的真正原因，还固执地认为是孩子不乖。

孩子在出生初期以及以后的很长一段时间里不能直接、明白地向成人表达自己的需要和情绪，只能用哭闹来向成人求助。成人应该意识到孩子哭闹的真实原因，认识到孩子求助的眼神，他们如果需要帮忙，就会把目光投向任何愿意帮助他的人，他们会自然地亲近任何可以帮助他们精神发展的人。他们喜欢成人的陪伴，千方百计地想成为成人生活中的一部分。

成人要想了解孩子的需要，认识这些需要对他们生命发展的重要性并及时地提供帮助的话，就必须试图去了解孩子独特的语言，尊重他们发展的自由，帮助他们培养这些能力；更应该在现实生活中留心、注意孩子为什么哭，为什么流露出精神得到满足的笑容，只有做好了这些才有可能真的提出孩子所需要的帮助来。

我要提的第二个原则是：成人必须尽可能地支持孩子的活动意愿，培养他们独立的个性，不让他们养成依赖的习惯。

孩子开口说第一句话的时候就表示他们已经开启了他们的语言功能，迈开脚的第一步证明了他们直立行走的能力，这两点在他们自我发展的道路上具有里程碑的象征意义，是他们进步的最原始的证据。

学会走路和说话是很不容易的事情，它需要孩子的不断努力才能完成，在这之前，孩子的智能和平衡感早就发展到一定水平，在孩子不断练习的条件下才能得以实现。

那些从婴儿期开始就受到支持与引导的孩子，他们的发育状况比其他孩子要好得多。有些妈妈为了省事在孩子断奶以后会依照自己的节拍把饭菜喂到孩子嘴里，有些妈妈则选择让孩子一起坐在小桌子前慢慢吃。毋庸置疑，后者需要付出很大的爱心与耐心，在孩子自己吃饭的同时，妈妈喂养的是孩子的精神需求，这比身体需求更重要。

想想看，与孩子的精神发展相比，那些因为动作还不协调导致的卫生问题（孩子在刚学会吃饭时往往会把自己和周围的环境弄脏）又算得了什么？只有当孩子动手的欲望得到满足的时候，他才会很乐意地吃下妈妈给他准备的任何食物，才不会挑食和厌食。他们的一些动作可以让人感受到他们已然开化的智慧，他们会很认真、很投入地去执行成人的指令。

有一次，我带了一个刚学会走路的孩子去乡下，我强迫自己打消了想要牵着他的手一起走的念头，改用口头提醒的方式指挥着他前行。一路上他很认真地听着我的提醒，一步步走得很小心，非但没有跌倒，走得还超乎我预期地稳。他按照我说的话行事，活动得兴趣盎然，乐在其中。

父母们可以参考我的这种方式来教育孩子，如果只是给孩子一些对其发展没有多大用处的东西，对孩子来说并没有真正的帮助，只有了解孩子的天性并尊重孩子的本能活动，配合孩子的精神发展需要，才能使他们得到最大的帮助。

第三个原则是：时刻警觉和孩子之间的相处之道。

孩子对外来影响的感受比我们想象的还要敏感细腻，如果我们在这方面给不到孩子应有的帮助，孩子就会做出一些过激的行为，当看到他们哭闹时我们再去安慰的时候，已经为时过晚。还有些家长认为孩子一哭就去安慰不但会把孩子宠坏，还会养成孩子用眼泪引起大人注意的坏习惯，所以无视孩子的哭闹。其实，孩子那些看起来无理取闹的眼泪在他们习惯我们的爱抚前就开始了，这是他们内心挣扎不安的表示。成人在自以为是的情况下常常干预了孩子内心的构筑，他们用快得使孩子来不及消化的速度向孩子灌输一些东西，以至于孩子像饿过头似的放声大哭，这个时候成人真的应该试着让孩子自己擦干眼泪，尽可能地安慰孩子。通过关心孩子的感受，我们可以让孩子清楚人与人之间的互动，有助于其发展社交能力，帮助他们汲取社交上的第一经验，孩子的情感天赋也会因此得到顺利发展。

所以，在孩子们告诉我们他们不开心时，我们一定要理解他们不愉快的感觉，给予他们安慰的同时尽量不去渲染他们所遇到的不愉快，同时也千万不能图省事以一句敷衍的话打发他们。

这件事情上，成人的世界里也常常会有类似的情况出现——当一个成人向另一个成人哭诉自己的不幸的时候，他可能有两方面的诉求：一方面他们希望得到他人的同情，另一方面他们希望得到他人的帮助。当两者都没有得到满足的时候，不管是成人还是孩子，都难免会有失望的感觉，心情也会比以前更糟糕。

成人应该在孩子不高兴的时候帮助他们树立自信心，这样才容易使孩子在情绪上产生共鸣。在鼓舞孩子勇敢面对不良情绪的同时也应该注意引导孩子排解自己的情绪，这个时候我们千万不能否定孩子当时的感觉，更不能对孩子的情绪视而不见。一旦孩子感受到我们对他们感觉的不认同，我们就无法接近他们的心灵了。

一句温暖、关爱的话其实就是孩子需要的，在他们得到及时的安慰和关心以后，他们会继续观察周围的生活，不受影响地自由体验生活，对他们身体的发育也很有好处。

我们没必要试图在孩子面前做完美的人，不管是成人还是孩子，这世上本来也就没有完美的人；更不要奢求每件事情都十全十美，任何一件事物本身都存在正反两面，真正十全十美的事情于自然界里是不存在的，追求真正的完美本身就是自寻烦恼。相反，我们应该及时审视自己的缺点，虚心接受孩子们公正的批评。别把在孩子面前做一个完美的人当成自己的责任，就像孩子在我们眼里是有缺点的一样，我们在孩子的眼里也永远都会有些小缺点，他们比我们自己能更清楚地看清楚缺点在哪里，还能帮助我们认识到，并改正它。

只有随时关注孩子精神上的表现，让他们充满自由，孩子才能清楚地了解自己的需要，进而寻求有利于自己发展的一切外在需求，这是促使孩子自由、协调发展的一大前提。

第六节　教师应做的准备

老师不应该成为孩子的“权威”，实际上，老师也不具备成为任何人真正的权威的能力。老师应该是促使孩子心理正常发展的人梯。

每个老师的教育理念和教学方法的不同注定了他们面对孩子之前的准备工作也是不一样的。我的理念是，不管用什么方法教孩子，我们一定要清醒地认识到一点：孩子是通过工作来发展自己的，老师需要关心的是孩子的正常发展，而不是单盯着孩子某种类型的缺陷。就连成人都不可能完美，那些尚未发育完成的孩子连身体机能都未完善，我们去强求消除他们身上的所有缺点是更加不可能的，也是严重违反了自然规律的。

事实上，孩子一旦被工作所吸引，自然、美好的天性就会发挥出来。无论孩子眼下的状态是什么样子的，总有一天他会把注意力集中到他所做的工作上去。

老师要投放精力去改变自己守旧的工作方法，满足孩子在不同发展阶段的需要，可以从以下三个方面来处理问题。

首先，老师是环境的管理者，应该时刻留意环境状况，不能被孩子吵得乱了分寸，这样才能帮助他们走上发展的正轨。在实际工作中，有些老师的情绪很容易被孩子牵着鼻子走，他们被孩子们弄得烦躁不已，甚至会把自己生活中的一些不愉快也发泄到那些天真的孩子身上，用各种责骂和体罚的方式来求得自己心理上的平衡。对这种老师，应该取消其为人师表的资格，他们也根本不可能起到老师应有的作用，把孩子引上正路。

环境对孩子的影响是间接的，但它同样会影响孩子身体、智力和心理的发展。在学校里，老师应该想办法创造一个适宜孩子生活的环境，比方说让教室保持干净整洁，各种物品摆放得整齐有序地放在适合孩子使用的位置。老师应该衣着整洁，神态平和中具备威严。当然，每个老师的性情不同，通过性情表达的外在形式也不可能一概而论，但不论如何老师一定要相信：老师的形象关系到老师是否能获得孩子的尊重。

回忆一下我们生命中的老师们，哪些会在我们的脑海里留下重要的印象？

老师要吸引孩子的注意力就应该在自己身上多下功夫，而不是一天到晚盯着某个孩子的缺点不放。这就像一个想要吸引丈夫的女人应该把自己的家打理得更漂亮温馨些，而不是一天到晚把眼光盯在男人身上。

其次，当环境问题得到解决以后，老师应该致力于引导孩子向我们的标准看齐。在这个阶段，孩子的心理发展还没有开始，这个时候给他们一些指导是很有必要的，但一定要注意指导和干扰的区别，小心自己被爱的名义蒙蔽了双眼反而扰乱了孩子的成长。

一个保守的老师用很死板的、命令的语气去让孩子完成他的指令，这种方式下很多时候会碰壁，老师们往往会因此觉得困扰。其实，只要能认识到一点，这个问题便迎刃而解了：孩子们也有自己的思想，他们并不一定认为老师说的都是对的，都需要完全服从地去完成的；而另一方面，他们也会觉得自己的想法应该得到重视、应该得以实现，所以他们才会做出顶撞老师的事情来。

相比之下，活泼的老师比死板的老师有吸引力得多，他们身上活泼的气质拉近了他们与孩子之间的距离，让他们更容易成为孩子们的朋友，从而更轻松地引导和指导孩子。

别觉得自己不够活泼，只要努力去做，每个老师都可以成为充满活力的人。

在教学过程中，老师们要注意多留心孩子的喜好，多用孩子喜欢的方式跟他们沟通；有的孩子在这个阶段不但自己安静不下来，还总是打扰其他孩子的正常学习，这个时候老师就很有必要进行干涉了，不然更多的孩子会被他打断正常的工作。不过，老师一定要注意这个干涉过程的方法，根据我的观察发现，最有效的方法是对这些孩子表示极端的关注，或者用惊叹性的语言吸引他们的注意力，用孩子能接受的方法把他带出去，以免其他孩子再受其打扰。这样，才能更好地兼顾到所有孩子的发展。

最后，孩子开始对一些东西感兴趣，特别是那些与他们生活有关系的东西，在他们能够集中精力之前，成人最好不要向他们提供与文化有关的东西。只有当孩子具备这种能力的时候，文化类的东西才会对他们有益处。

同时，当孩子对什么东西发生兴趣的时候，成人一定不要贸然打断他们。这种兴趣的出现，表明他们的内在能力开始发展。这种兴趣会使孩子们接触很多东西，他们能从中学到一些新的行为。这种能力的萌发却很脆弱，很微小的干扰都有可能对其产生不利的影响。

这个时期老师一定要保持谨慎，即使是出于关心和赞许，也不要随便去打扰孩子。

很多老师在教学实践中以为孩子需要多赞美，当发现孩子一些好的苗头时会有意地上前夸奖一番，却没有想到一句“真不错”就很有可能把孩子的兴趣给破坏了，他们对这方面的兴趣萌芽也因此被掐掉了。当孩子在一件自己感兴趣的东西面前遇到困难的时候，老师也不要自以为是地伸以援手帮他们完成，孩子很可能就此丢下这件事情不管不顾了。这是因为，孩子的兴趣不仅在于动手，他们还能从反复揣摩中得到乐趣。如果老师不识趣地去干涉，他们的注意力反而会被分散，也就不会再对这件事情感兴趣了。在现实生活中我们会经常看到类似的事情：一个孩子在用力搬动一件重东西的时候，当有其他成人走上前来帮忙时，孩子就会丢下这件东西跑开去。

这其实很好理解，你一定会时有感触，只要有人在旁边看着，我们成人也很难集中精力做事情。这就是外界干扰对人类的影响，孩子在这方面比成人表现得更甚。

一个好老师应该在孩子集中注意力做事情的时候把他们当作不存在，用眼角余光观察他们在做什么就好，一定不要去干扰孩子们正在进行的工作。

在生活中，我们常常遇到很多孩子抢一件东西，他们中抢输的一方还会因此而哭闹。遇到这种事情的时候，成人往往很难抉择，似乎帮助哪一方都会伤害另一方。

我的意见是，如果没有什么特殊情况，老师不应该介入，最好让孩子们自己解决问题。这是因为，孩子长大以后在生活中同样会遇到这种矛盾，成人之间的这种利益之间的矛盾更甚于孩提时与其他孩子争抢玩具，幼年期的这些经历对孩子长大以后解决人际关系中的一些问题也会很有帮助。

再说，从心理角度上来说，老师的插手帮助可能会带来一种傲慢的心理，这个时候老师很容易陷入裁判官的角色，凭自己的主观想法来决定争抢中获胜的一方，输的一方会认为老师不公平，从而影响老师在他们心目中被尊重的地位；而另一方则有可能会滋长一些骄傲的情绪。这样，对师生三个人都是有害无益的。老师尤其要警惕这种情绪是否在自己身上存在。老师的所作所为应该是有条理和分寸的，从对孩子无私的给予中得到快乐。所以，老师对孩子的帮助和支持要尽量隐蔽，让孩子在意识到老师的帮助以后也觉得是自然而然的事情，而不会是一种刻意而为的帮助。

老师一定要摒弃那种高高在上的优越感。老师是成人，比自己面前的孩子多经历了很多年的生活，各方面自然会比孩子要成熟、有优势，这是很自然的事情。当孩子长到我们这个岁数的时候，他们的成就也许会比我们要大得多，我们现在的观点和想法也未必就是自然界中存在的真理。所以，老师们在孩子面前真的没必要太有优越感。再说了，在精神领域，老师和孩子的关系就是主仆关系，孩子的心理就是老师要伺候的主人，老师们的任务就是要像一个仆人一样精心伺候这个主人。在考虑问题的时候，老师要从孩子的心理角度出发，如果孩子没有这个需要，老师就不要擅作主张，一旦觉察孩子的需要，就要立即给其满足。从服务与被服务的角度来说，孩子的父母交了钱给学校，把孩子送到学校来接受教育，老师的工作就是要做好对学生的教育服务工作。

从以上三个方面来看，老师们在学生们面前真的不存在优势和骄傲。

人格的发展就是不断获得独立的过程，老师的职责就是帮助孩子获得独立行事、判断和思考的能力。

老师的工作概括起来应该是为孩子的心理发展提供服务。老师没必要为孩子缝缝补补、洗洗涮涮，只要老师的教学方法能够满足孩子发展的需要，孩子天性中的很多优秀品质就会不断显现出来。老师最大的满足莫过于通过自己的工作把埋藏在孩子心里的、人类的优秀品质开发出来。

对老师来说，了解孩子并不是单纯地记住孩子父母的职业或是他们家的其他家庭情况，更重要的是要了解孩子在生活中的表现，留心观察他们身上出现的发展特征，并在他们需要帮助的时候及时、自然地伸出我们的援手。

很多老师在孩子面前往往认为自己的职业很崇高，但私下里的时候老师们其实也摆脱不了凡人的欲望，也会遇到和其他职业从业人员一样的问题：升职加薪。另一方面，老师们还是希望自己在学生面前有威信，是孩子们崇拜的偶像，是孩子们灵魂的导师……很多人可能都在问：到底老师的成功是什么？

借用一位老师的回答：孩子们能够自己认真工作，而不在意老师在不在身边，这就是一个老师最大的成功。

其实，教授孩子知识、提高孩子的水平之类的进步应该归到孩子自己的功劳上去，这些进步都是孩子们努力学习才得以拥有的，老师对孩子真正的贡献应该是帮助孩子完成了他们要做的工作。

老师不应该成为孩子的“权威”，实际上，老师也不具备成为任何人真正的权威的能力，老师应该是促使孩子心理正常发展的人梯。

不要觉得这种看法是拉低了老师的身份，降低了他们存在的价值感。老师在教学过程中并没有做出任何牺牲，也不存在被压制，相反地，他们在这个过程中得到了一种满足感，体验到了另一种生命价值。

现代社会里，一个人的能力得到全面发展以后，生活资源肯定不成问题，物质财富不再具有决定意义。人类的精神越完善，人类就会越富有。人类真正的创造力不是来自肉体，不是来自四肢，而是来自精神、来自大脑，在人类的精神和智慧得到全面发展的情况下，不再会有解决不了的问题。

孩子在没有外人干预的情况下会形成一个井然有序的群体，孩子的发展规律告诉我们，自由和纪律是相辅相成的，自然发展的自由能够形成纪律性。这就好像是硬币的正反两面，一面是人头或图画，制作精致而美观；另一面却没有装饰，只有一些数字和说明文字。它们同时存在于一枚硬币之上，共同体现出这枚硬币的特征和价值。

自然是有秩序的，秩序是自然发展的结果，当它出现在我们面前时，我们会发现生活其实早就进入了秩序状态。自然赋予了孩子激发我们继续进取的使命，如果我们能和他们一起成长，会被他们带入更高的精神境界。老师在为孩子服务的同时也在为自己的生活服务，在协助孩子精神发展的同时也提升了自己的精神境界。

第七节　教师与纪律

老师一定要引导孩子对自己的心理需要有所了解，如此他们才能自由选择对自己心理发展有帮助的东西。

在儿童纪律性形成过程中，教育的任务就是要有意识地引导他们的这个过程。

当儿童的心理受到事物吸引而把注意力集中在某些事物上时，他们就已经开始有了纪律性。儿童的每一个经历都会带给他们实践经验，这些经验能提高他们在以后的生活中控制错误的能力，使他们的心理形成一个整体，他们从而变得安静而快乐。

在儿童性格发展的过程中，老师的任务就是给他们指明通向完善的道路，帮助他们排除发展中遇到的障碍。

如果老师在这方面做得不好，反而会成为孩子发展中的最大障碍。当孩子具备这种纪律性、能够运用自己的意志力时，他们的本能倾向可以使他们克服困难，成人的教育工作就成了多余。

一个合格的老师的角色与医生有些相似，他首先得具备发现孩子身上的问题的能力，然后才能引导孩子走出自己的不足，走向日益完善的道路，这就如同医生必须能诊断出病人的症状才能对症下药一样。

不具备纪律性的孩子普遍都有以下特征。

第一，主动行为失常，他们的行为缺乏协调性，不和谐。

对孩子的这些正常发展过程中出现的各种失常现象我们不必每条都去

纠正，只要为他们的发展提供有趣、合适的方式，等他们发展到一定阶段，这些症状就会自然消失。

第二，孩子不能把注意力放在一个物体上。

他们的大脑常常处于空想状态，会对着一些没有生命的东西自言自语，如果不即时纠正，他们长大后会耽于不切实际的幻想，会变成想象的俘虏。

当然，对他们的每一个小错误都进行纠正是不可能也不必要的，只要他们能够集中注意力，从实际事物上获得必要的经验，他们的各种能力就能够获得正常发展，他们就能恢复健康。

第三，非独立的模仿倾向。

在现代人的生活中，模仿倾向越来越现实，这里所要讲的是不属于孩子正常发展范围之内的模仿——某些孩子因为自身的发展受到抑制以后，被迫地去模仿他人的行为。这些孩子失去了方向，如同一叶没有风帆的船一般随波逐流，这是一种心理退化的表现。孩子们正常发展时对他们所吸收的知识会产生一种内在的创造力。

打个比方说，在生活中，有一个孩子出于某种原因大吵大闹，其他的孩子模仿着闹得比他还凶，这就是我所说的不正常的模仿，这种行为传播开来会影响他所在的整个群体。这种群体本能就使得孩子们出现反常，做出违背常规的事情来。随着这种模仿带来的退化，孩子会越来越难恢复正常，好在一旦他们回到正常发展轨道，这些不良现象又都随之消失。

当老师遇到孩子们散漫混乱的局面时，首先要想办法让孩子有所警醒，要敢于制止孩子们的错误行为，发挥自己的智慧，从每个孩子的问题着手开始教育，只有了解了孩子的问题才能找到合适的解决方法。这就如同一个好医生不仅要具备诊病的能力，还要会开药方一样。老师在批评、提醒孩子时要和蔼中带着威严，夸奖孩子的时候语气要平静，要坚定而不乏耐心。

只有当所有的孩子都在现实的世界里忙着自己的事情、做着有目的的行为时，他们才能安静下来。如果没有激起孩子兴趣的事情，他们的能力就得不到发展，个性也无法得到锻炼，这个时候的孩子内心得不到满足与和谐。如果他们本能的力量没有觉醒，他们就无法进行工作，不能完成性格和心理的发展，就像一只穿梭在花丛里却采不到蜜的小蜜蜂。

老师一定要注意不把自己工作中的情绪传染给孩子，否则会给孩子的成长带来不良的影响，对老师自己也会形成一种折磨。

这个阶段的孩子正在经历着一个心理转型期，还没有打开个性发展的通道，没有取得很大进步，虽然已经接触到了现实世界，却还没有把它们和自己联系起来，他们的一切都有待加强。在这个关键阶段，老师一方面要对所有孩子进行监护，另一方面也要对他们进行逐个的教育。换而言之，老师在对孩子进行个别指导的同时还要管理好整个班级，尤其值得一提的是，老师是所有孩子的需要，一定不要背对着其他的孩子而对某个孩子进行单独指导，而在单独对孩子进行指导时要显得非常亲密，如此才能打动孩子的心，从而激发他们的潜在能力。

老师一定要引导孩子对自己的心理需要有所了解，如此他们才能自由选择对自己心理发展有帮助的东西。如果孩子不能运用自己的主观意志，就不可能获得完美的发展，否则他们只能被动地接受环境的影响，受外部刺激的摆布，心理也得不到稳定和平衡。

孩子具备自我感知的能力并能集中精力完成一件事情的时候，标志着他的心理发育已经成熟。

大多数的成人已经失去了自由选择的敏感性，而一岁左右的孩子心理尤其敏感，成人一点不当的举措都有可能扼杀他们的这种敏感。

当孩子全神贯注地摆弄一个物件的时候，他当时的心理是处在一种和谐、满足的状态的，此时成人应该设法满足孩子的需要，协助孩子排除可能遇到的障碍，而不是去担心孩子会如何如何。在孩子达到这种状态之前，成人一定要给他们留下自由活动的空间，控制住自己，不去干扰他们的工作。

当孩子们的注意力集中在某件事情上的时候，他们会显得非常高兴，他们的全部精力都会投入其中，忘记周围的一切，他们的个性在这个过程中诞生。

当他们从自己的世界里走出来，会对周围的环境更加充满新鲜感，对每个人都很友好，对一切充满喜爱。

在此期间，成人不要过于担心。孩子们的这种暂时与世隔绝只是为了获得与周围环境融合的能力，有助于形成平静而又坚毅的性格，他们还能从中获得自我牺牲、工作规律、服从意识等优秀品质。在这段分离的时间里，他们的心灵汲取了爱的力量，回过头来又能更好地和周围的环境相处。

面对不断变化的孩子，老师们一定要懂得自己工作的重点，分阶段地将精力放在不同的侧重点上，不被各种表象所迷惑，做到永远关注主要的事情。老师一定要明白：自己的工作在孩子心理发展过程中只能起辅助作用，孩子才是自我发展的最主要因素；老师的工作价值在孩子身上不可能得到立竿见影的效果，孩子对自己工作没有把握的时候需要得到老师的肯定和指导，但他们不需要老师帮他们把这件事情做完了；而另一方面，他们遵从着内心的要求，本能地保护着精神的独立，这种本能帮助他们找到正确的方向，他们只是希望成人能关注他们的行为，及时地给他们的工作成果一个评价。

孩子的这种心理在学习走路的时候就已经表现出来了，他们完全具备走路能力的时候，却还希望大人们能看着他们，他们甚至盼望看到大人们站在前面张开怀抱迎接他们。所以，当孩子完成某项工作的时候，不论他的成绩如何，老师都要给予适当的鼓励，这样有助于他们的成长和自信心的建立。

孩子一旦形成了自己的判断标准，建立起了自信心，就不会再向成人寻求这种鼓励。这时候他们更喜欢独立完成自己的事情，重复着把事情做到更好。他们不再在乎别人的评价，只是对自己的工作感兴趣。

孩子在反复制作作品的同时还会形成一种纪律性。这阶段的孩子虽然忙乱，却自有条理；虽希望独立，又不乏服从意识，渴望关怀的同时又充满爱心，一如那些春天里的花朵，让人们在看到它们时就充满了对秋天丰收的期待。

第五章 如何爱孩子

让孩子自我发展并不是说把孩子交给本能，而是让他的智能得到发展。

我们必须清醒地认识到，人最基本的权利就是培养自我的权利。

现代教育中，成人设定了许多古里古怪的试题用以对孩子进行智力训练或是测试。其实，这些问题的答案对成人来说本身都存在各种争议，成人却只对孩子给出的符合成人判断标准的答案才满意。这个过程中，成人完全忽视了孩子的感受，把自己当成了孩子的权威，直接地无视了孩子应有的自由。

在对孩子的教育上来说，创造的过程中产生了爱，爱是一种结果，是人类本能的驱使，是生命的创造性力量，它充满了孩子思想的原野，孩子通过爱实现了自我。

孩子敏感期里与周围环境联系起来的、不可抵抗的冲动就是他们对环境的热爱，它是一种理解和吸收，这种热爱促使孩子以一种敏锐和热情的方式去观察环境。

被大人控制下成长的孩子在心理和生理方面的许多需求是得不到满足的，而这些心理上的需求直接影响了他们今后智力和道德的发展。

现代教育理念涵盖了两项主要原则：首先是了解和培养孩子的个人特质，并通过孩子特有的性格来引导他的成长；其次是解放孩子。

第一节　智力与自由

孩子会在自我感官的吸引和指导下自主地选择有助于自己发展的工作，从而对事物加以区分，并进行选择和推理，他们在这个过程中得到自我发展。

贝恩提出，对差异的感知是智力活动的开始，大脑活动的第一步就是对差异予以鉴别。这里所指的感觉是指对外部世界的知觉。

收集材料，并将这些材料加以区别，是智力活动最初的阶段。

很多时候，反应快被视作聪明的同义词，是智力最明显的外在表现；而这一点的实现肯定与从外界获取信息、精心编织意象以及将内心思考的答案表达出来的能力有关。

这种能力可以通过一套类似于心理体操的系统加以训练。这个训练的具体过程是，通过收集大量感知材料，使其彼此建立相互联系，并以此做出判断，一段时间后，人们就养成了自由展示这些东西的习惯。

要实现儿童自由的关键是在对儿童进行教育的同时使他们的机体处于运动之中。

只有怀着某种智力目的四处走动的孩子才能从走过的环境中吸收知识，以促使自己不断完善，从而自由地发展自己内在的人格；只有在某种智力目的支持和指引下工作的孩子才能够持之以恒，否则他们就不可能有良好的内部发育，更不可能取得明显进步。

成人只有放弃自己对孩子的控制欲才能把孩子从我们的影响中解放出来，只有将孩子放在适合的环境中时，他们才会对自己的智力信心倍增。只有在这个基础上，孩子才会自发地从事一些诸如洗脸、换外套等具体的活动。

孩子会在自我感官的吸引和指导下自主地选择有助于自己发展的工

作，从而对事物加以区分，并进行选择和推理，他们在这个过程中得到自我发展。

当孩子坚持不懈地完成自己选定的工作时，他的内心将不断成长，自己的工作也会从简单的实物过渡到复杂的东西上，自己的身心从中得到陶冶，在大脑里形成内在秩序，同时获得技能培养自己的性格。

让孩子自我发展并不是说把孩子交给本能，而是让他的智能得到发展。

人们总是习惯地把孩子的抗议、挣扎和种种为摆脱屈辱而发明的自我保护手段看作本能的表现。其实，这跟我们平时对待他们的态度很有关系——大部分的时间里，成人希望并尽量使孩子的感官像植物一样安静，努力使他们成为我们的奴隶，任凭成人的处置和摆布。

成人的这种做法使得孩子身上的本性不断湮灭，人性的退化一点一点在他们身上显现出来，直到个体的死亡。

要想把孩子培养成高度自觉地去从事智力活动的人，我们就必须改变现有的陈旧观念，相信"智力"是解决人类社会自由问题的关键。

我们必须清醒地认识到，人最基本的权利就是培养自我的权利，只有这样，我们才不会受到压抑，不会受到奴役，还能从所处环境中找到共同发展的方法。也就是说，我们只有接受了教育才能找到与个性相关的、解决社会问题的基本方法。

我们只有把智力视为培养孩子的关键甚至是孩子生活的支柱时，成人才不会不分青红皂白地压抑和禁锢智力的发展。遗憾的是，现实生活中我们却更多地关注着孩子身体上一些诸如牙齿、头发之类的东西，而恰恰忽视了孩子的智力教育问题。

我们知道，感观练习能激发孩子主要的活动意识，所以，我们应该把孩子的感官与刺激物适当分离，以利于孩子有更清晰的意识。

从下面的例子可以说明这个问题。当有音乐陪伴时，一个认真给图案上颜色的孩子能更好地选择最美丽的色彩来着色，而身处优美景色环境下的孩子往往情不自禁地唱出美妙的歌声。这种现象同样适用于成人身上。

当以下特征出现时，标志着孩子的自我教育已经开始了：孩子的大脑反应更加迅速，思维更有准备，他们会突然很强烈地感知到往日一些不留心的东西，能轻易地发现事物之间的联系，能及时发现这些东西运用过程中出现的错误，并能迅速地做出判断和纠正。

这些感官的体验使孩子完成了原始而基本的智力训练，他们的中枢神经系统被唤醒并处于运动之中。

种种历史现实证明，文明的进化是建立在珍惜时间的基础上的，而并非建立在对生命或灵魂的珍惜上。

在当今复杂多变的环境里，孩子还不具备随时应付所面对事件的能力，他们还不会充分利用人类外部环境上的进步来为自己服务。虽然人类已经进入了一个文明社会，人类的灵魂却还一直在被欺骗、被压抑着。

孩子对世界所做出的反应不只是与训练相关，也不仅表现为思维的快捷和聪颖，它与建立相应的内在秩序有关，那些对所熟悉的工作进行有组织、条理清晰的安排的能力更说明智力的形成过程。

一个思维混乱的大脑很难对某个知觉对象有正确的认识，无论是具体的个人还是一个社会，只有组织和秩序才能使其迅速发展成为可能。所以说，秩序是一个人能够做出迅速反应的关键。

第二节　让孩子回归自然

大自然的创造力比成人更能塑造孩子的精神，所以，我们应该尽可能地允许孩子有精神上的自由。

现代教育中，成人设定了许多古里古怪的试题用以对孩子进行智力训练或是测试。其实，这些问题的答案对成人来说本身都存在各种争议，成人却只对孩子给出的、符合成人判断标准的答案才满意。这个过程中，成人完全忽视了孩子的感受，把自己当成了孩子的权威，直接地无视了孩子应有的自由。

有些地区甚至还沿用着一些据说是老一辈人留下的育儿经：把婴儿的手脚捆绑起来以避免他长成罗圈腿，割断婴儿舌头下的韧带以保证他能准时开口说话，摆好婴儿躺着的姿势以免他的颅骨发生变形……

这些做法不但不能帮助孩子朝我们想象中的好的方向发展，还会严重地影响他们身体的发育，后果严重的还会造成孩子身体上的残疾。

在现实生活中，成人常常会为了满足自己望子成龙的想法在孩子还没有发展到合适的那个阶段就对他们进行揠苗助长的训练，自以为是地认为孩子正在朝着自己设想的方向发展。

其实，孩子的腿不用绑也会长直；即使不对他们的舌头做任何处理，他们到了一定的阶段也会开始说话。成人只需遵循一个原则就好：尽可能地把一切事情留给大自然去做！

孩子越是能自由发展，就越能形成协调的身体比例，越能造就健全的身体机能。婴儿身体机能的发展是遵循着一个自然规律的，并不需要成人过多、无聊地料理。从婴儿生下来的那一刻起，大自然就已经为他考虑好了一切。

人的性格智力以及情感的发展与身体的成长也是同步进行的，成人并不能成为孩子精神的缔造者，也不是世界上物质的创造者。在孩子发展的道路上，成人一些多余的帮助很多时候反而会成为孩子成长道路上的障碍。

那么，我们怎么做才能还孩子自由呢？

自由绝不是真的什么都不理会地任由孩子们自生自灭，而是遵循自由的原则，在自由的环境下让孩子的身心得到发展。而教育工作者们更应该心平气和地对待孩子成长过程中出现的种种奇迹，摆脱成人自我虚构的对孩子成长的责任重要性。

遗憾的是，成人很多时候明知道那些压得自己喘不过气来的责任实际上并不存在，却还在努力地来完善它。

不管科学有多发达，婴儿的死亡都是避免不了的，在这个过程中有两个因素起了决定性作用：第一是婴儿的脆弱，其次在于人们普遍缺乏对婴儿脆弱的保护意识。

人们并不缺乏良好的意愿，父母对孩子的关爱天性也不可质疑，真正可怕的是人们在这方面的无知，在危险临近的时候人们还毫无察觉。

很多悲剧的发生都起源于一些细节——相当一部分的年轻妈妈很容易犯这种错误：不注意清洗乳头，没有规律地给孩子喂奶，如此一来，孩子很容易消化不良而哭闹；而孩子一哭，妈妈又用喂奶的方式来使孩子安静下来，如此的恶性循环让孩子的病越来越重。

事实上，婴儿和成人一样应该要有规律地进食，在孩子消化完上一次的食物以后，成人才能喂新的食物给他吃。

困扰年轻妈妈的还有一点：如何让孩子停止哭闹?

如果细心观察，我们会发现，只要孩子们没感觉到哪里不舒服，不用做任何努力，只需等待一会儿，孩子们自然会停止哭闹。孩子的哭闹是因为他们处于痛苦、不适之中，只有找到他们哭闹的真正原因并帮他们处理掉这个麻烦，才可能让他们消停下来。喂奶只是用乳头塞住了他们的嘴，让他们暂时得到了母亲的慰藉，却不能真正地解决他们遇到的问题。

大自然的创造力比成人更能塑造孩子的精神，所以，我们应该尽可能地允许孩子有精神上的自由。需要注意的是，这并不意味着成人可以忽视孩子的精神世界甚至可以放任自流。事实上，虽然我们不能塑造孩子独特的性格，不能对孩子的智力和感情给予直接的影响，我们对孩子还是有许多应尽的职责和关心的。

一句话：自由是引导我们从幻想走入现实，指导我们积极有效地照顾孩子，而绝非放任。

第三节　爱的教育

孩子对成人有着莫名的服从，他们的精神根源就是乐于服从成人，他们非常渴望得到成人的爱，所以成人尤其应该注意自己在孩子面前讲的所有话。

什么是爱？大自然里到处都充满着爱，人类生活中更是随处可见爱的存在。

在对孩子的教育上来说，创造的过程中产生了爱，爱是一种结果，是人类本能的驱使，是生命的创造性力量，它充满了孩子思想的原野，孩子通过爱实现了自我。

孩子敏感期里与周围环境联系起来的、不可抵抗的冲动就是他们对环境的热爱，它是一种理解和吸收，这种热爱促使孩子以一种敏锐和热情的方式去观察环境。

爱的特点是：他人不在意的事物也能使我们敏感，我们更能揭示出他人尚未认识到的事物细节和特性。

孩子们能看到很多成人们视而不见的东西，就是因为孩子通过他们的爱取得了智慧，这种爱让他们产生了成人没有的兴趣，这种兴趣让他们发现了成人没有在意的东西。

成人常常不能站在一种精神能量和一种伴随创造力的、道德美的高度来看待孩子的这种爱。

孩子的这种爱是为了满足自己获得感觉印象的需要，是为了获得生长媒介的需要，是单纯的，在这个过程中孩子不断吸收东西使它们成为生命的一部分，由此创造自己本质的生命。

对孩子来说，成人是可敬的，他们能从成人那里得到所需的物质和关爱，所以，成人是他们爱的对象，这对他们的自我发展很有必要。

孩子模仿着成人的举动，开始自己独立的生活，成人的言语对孩子有着巨大的暗示力量，如果孩子对成人过度敏感，他们的生活和行动在某种程度上就会被成人支配，自己的个性反而消失了。

孩子对成人有着莫名的服从，他们的精神根源就是乐于服从成人，他们非常渴望得到成人的爱，所以成人尤其应该注意自己在孩子面前讲的所有话。很多时候，成人为了个人的利益会阻止孩子的创造，当孩子自我发展的本能被成人试图抛弃时，孩子就不再服从了。孩子反抗、发脾气的举动就是他们创造性的冲动与他所爱的，但不理解他的成人之间冲突的结果，这也是孩子发展所必需的生活活动对他们进行的心理防御。在这种情况发生时，成人应该找出这种冲突的根源，成人应该谨记：孩子对这世上其他任何东西的爱都不会超过他们对成人的爱。

可笑的是，成人却打着爱的名号一心保护着自己和自己的财产免遭孩子的侵犯。这种成人本身都不具备爱的智慧，更不可能教会孩子爱，他们甚至会诱导孩子正常的爱走向歪路。

孩子爱成人，他们希望自己能引起成人的注意，他们需要成人陪伴在他们的身边，他们需要和我们在一起。

很遗憾，成人很多时候都忽视了孩子这种深沉的爱，成人往往想尽办法来摆脱这个绊脚石一般的孩子，只想着自己方便，做自己想做的事情。随着孩子不断长大，这种爱会不断减弱直至消失。

在孩子爱着我们的时候，我们却对生活麻木了。如果成人不努力自我更新，最终将会变得麻木不仁和毫无热情。

第四节　儿童是什么

被大人控制下成长的孩子在心理和生理方面的许多需求是得不到满足的，而这些心理上的需求直接影响了他们今后智力和道德的发展。

在现实生活中，孩子是父母强权统治下的弱势群体，他们常常得不到了解和尊重，有的甚至连一点点的心理需求也得不到认可。

孩子展现在我们面前的心智连他们自己都未探查到，成人的科学家们也没有研究过他们的一些行为倾向，他们一直想摆脱成人的控制，希望自己动手做每一件事，除非真的做不到，要不然他们绝不希望成人们插手。孩子工作时的安静和专注程度着实令成人感叹！不过，他们这种自然而然流露出来的神情和能力常常因为成人的居高临下以及不适当的参与和干扰而长期受到压制。成人们总喜欢把自己的一套规则和模式加到孩子身上，他们总认为自己所做的事一定比孩子们做得更完美，所以他们总想着要控制孩子的行动，想尽办法迫使孩子放弃自己的创意和愿望来屈服于成人。

成人从来不认为自己对待孩子的方法有错误，总以为自己所做的一切真的能为孩子好，这就导致了孩子和家长之间一直处于相互对立的矛盾状态中，要想改变这种状况，我们就必须对现有的教育观念和方法进行改革。

我们所谓的文明社会将孩子从出生那天起开始压制，许多人对这种现象毫无察觉，还自顾自地制定了一堆的繁文缛节来限制孩子的自我发展，对孩子的行为采取了诸多的强制性约束。

实际上，被大人控制下成长的孩子在心理和生理方面的许多需求是得不到满足的，而这些心理上的需求直接影响了他们今后智力和道德的发展。成人们天真地认为这样做可以帮助孩子学会在社会上立足，他们简单粗暴地强迫孩子适应大人的生活准则，无条件地服从成人的指令。孩子在强大的家长压制力量下不能按照自己的意愿行事，却不得不适应一个自己讨厌的环境，这样的孩子在发展过程中很容易出问题。

这种做法从根本上否定了孩子作为一个独立个体存在的必要，孩子此时已然成了成人的附属品，他们的身心被严重地伤害了，对他们来说是极不公平，也极为痛苦的事情。如果认识到这一点，下次看到孩子们做出叛逆举动的时候，我们还要认为这只是孩子单方面不乖的问题吗？

即使是那些很受父母宠爱的孩子也摆脱不了家长权威的压制，而这种类似的强权教育在学校里更是有过之而无不及。学校有组织的强权行为无非是为了孩子们能更早地配合成人的生活，提早适应成人的社会。绝大多数学校里严苛的课业标准和强制性的规定与孩子们无忧无虑的童年生活格格不入，考试分数以及各方面的表现评比成为学校加诸在孩子身上最主要的压力，将孩子的日常生活搞得紧张而焦虑。学校和家长如出一辙的权威教育让孩子背负着强大的压力，孩子弱小的心灵受到严重的伤害，长久下来，他们不但不能朝着成人的方向发展，还有可能变得不尊重自己，任由自己做出各种不合情理的行为。

我们施加在孩子身上的教育是我们需要的，而不是孩子自己成长发展需要的，如果我们真的只是以孩子的幸福为目的，就应该采取合理而人道的做法，为他们创造一个良好的学习环境，不再压制孩子的性情。成人应该尽可能少地去干扰孩子的工作。

一个只会附庸于成人的孩子，将来不可能在社会环境中独立生存。孩子受到成人的压制，这是一个存在于全世界的社会问题。

孩子不应该是成人制造出来的物品，他们更不是成人的私有财产，即使是一个奴隶也不可能永远听从主人的指令，我们又有什么理由让孩子完全地附属于我们的意志行事？

这个社会从来没有把孩子当作一个独立的人，成人们用严格的规定限制着孩子什么时间做功课、什么时间才能去玩，完全没有去顾及孩子的心情状态。

古往今来，所有的道德和哲学理论都以大人为主导，和孩子有关的社会问题完全被忽略了。没有人去想孩子是一个与成人完全不同的独立个体，也没有人认为孩子也有着各不相同的性格，人们更没有思考过那些取得非凡成就的孩子他们在童年时期的个别需要是什么。

在成人的眼里，孩子都是不会思考的弱小者，成人并没有真正地了解孩子忍受了多少磨难，只是一味地要求孩子按照自己的指令来做事。

第五节　三岁的幼儿

从某种程度上来说，孩子在三岁以前是靠心灵来探索世界，三岁以后他们借助双手来探索世界，他们所有的能力都在日趋完善。

当孩子长到三岁的时候，他们的人生明显地分成了两个不同的部分。

在三岁以前，虽然这段时期在他们的人生中很重要，可他们各方面的发展还未完成，以致他们还没有意识和记忆。这个阶段往往会成为被遗忘的时期。

孩子的成长过程是在大人的监督之下完成的，他们的成长极大地受到成人的阻碍，另一方面他们又在借助生存环境中的各种活动帮助自己顺利发展。他们虽然已经忘记了以前发生的一些事情，但那些事情对他们的影响已经形成了他们的一种能力渗透到了意识的各种层次，并借助生命的活动表现出来。从某种意义上来说，这是他们记不住却又深入骨髓的记忆。

从某种程度上来说，孩子在三岁以前是靠心灵来探索世界，三岁以后他们借助双手来探索世界，他们所有的能力都在日趋完善。

孩子长到四岁半的时候会用双手直接接触事物以扩充发展，孩子想接触身边真实的东西，但大人们往往因为生活中的种种顾忌对他们予以拒绝，生怕他们在这种直接接触中受到伤害或是他们会伤害到将要接触的物品（尤其是在成人眼中比较贵重的东西，成人们更是对孩子的探索厉声制止），只在很小程度上能满足孩子的要求。成人们自以为是地将一些他们认为对孩子有帮助的玩具堆到孩子面前，在给予孩子的时候，很少去考虑这些东西是不是孩子真正想要的、真正需要的。成人为了忙自己的事情，往往会丢给孩子一个诸如洋娃娃之类的玩具来代替自己陪在孩子身边，以为这些玩具对孩子来说真的比自己的陪伴还重要。

这其实是一种极不负责任的做法。毕竟，任何好玩的玩具都给不了孩子关爱；孩子也许会被一时的新鲜感而吸引，但他们很快就会把这些假东西故意弄坏，成人们还以为这是孩子固有的破坏欲。其实，孩子在这个时期很想从各方面来模仿成人以使自己更加完美，但大多数时候他们所做的努力会被成人否定，孩子的心理没有得到满足，整个人变得无精打采，不能专心于任何事情，甚至连人格都变得扭曲变形。

孩子生活的处境越简单，对他们的成长反而会越好。这是因为在简单的环境里，周围的物品都不贵，成人不担心他们会把那些东西弄坏，成人忙于生计没有太多的时间去管理孩子不要做这个、不要动那个，孩子在这种环境下反而能最大限度地跟着成人打理自己的生活。孩子不会在乎生活环境里所缺少的东西，他们要的只是一种享受做成一件事情的快乐，所以，我们没必要给孩子多昂贵、多先进的玩具，给他一个小型的工具让他自己打理自己的园地，给他一群伙伴让他们体验真实的社会生活……当我们用真实的东西来取代这些虚假的玩具，孩子的表现一定会让我们大吃一惊。

很多年前，我在罗马看到一个故事。当时的“儿童之家”设在一个极其贫困的地区，那里的孩子物质匮乏，但自然环境很好，孩子们心灵足够富有。孩子的父母大多是文盲，这里的老师也都没有受过很好的教育，都不是专业学校毕业的。

随着我们的实验一项一项地进行下去，三岁的孩子在没有成人的干涉下专注地做着一件事情，他的专注程度超出了所有成人的想象！人们第一次看到孩子这样的表现，他们流连于我们安排的工作当中，乐此不疲。

三岁的孩子心里住着一位老师，这位老师比任何一位成人老师都准确地引导着孩子们往完美的方向前行（虽然他们直至成年也不能达到完美的状态，但他们一步一步地在接近成熟），受到这种引导的孩子把工作做得很彻底。比方说，成人只安排他抹桌子，他却连桌子边缘其他缝隙都擦到了。如果成人允许孩子自由做事，不予以干涉，孩子就会全神贯注地投入工作。但大多数情况下，成人面对孩子总是忍不住地对孩子进行自以为是的说教，在孩子工作时成人也总是忍不住地指手画脚。成人的这些举动不但对孩子起不到帮助作用，还会让孩子觉得反感，产生叛逆的心理。

对疲劳的认识是成人的另一个教育偏见。

在成人们的认知中，因为孩子各项身体机能都未发展完全，他们会比成人更容易感到疲劳，会比成人更需要休息，所以成人每隔几分钟就让孩子停下来。特别是那些受过师范教育的老师，大多数都有这种偏见，认为每堂课只能上45分钟，这其实是很不对的。研究发现，孩子对某一事物感兴趣的时候是不会觉得疲劳的。

现代教育认为人的身体活动应该抛开心智，孩子们安静地坐在教室里学习才是正常的心智活动。这种做法等于把孩子分成两半，等于说当孩子在思考的时候不允许他们活动手脚。这实在太荒谬了！事实上，孩子不用双手就无法思考，他们有时候还需要四处走动。这种行为并非不可理解：古希腊一些哲学家不也是不停地四处游走吗？他们此时的行动并不是不专心的表现，他们其实是在行动的同时进行思考。

无数的教学实例让我明白一个道理：老师必须大胆放手，只需要为孩子准备好材料，让他们自己动手，他们的表现会完全出乎我们的意料。

生活中本就没有绝对的对错之分，即使是成人也会常常犯错，孩子平时做错点什么又有什么关系呢？从这方面来看，老师和家长对孩子的很多干涉都是不必要的。老师和家长应该学会判断孩子可能需要什么，为他们提供这些东西以后退到一旁去做个观众就好。老师更应该具备谦卑的品性，在保持警觉的同时不把自己的意志强加给孩子，随时注意孩子的进展，为孩子的下一步所需准备好相关的材料。

在实验中，文化层次较低的父母们在孩子的教育中表现得更积极热情：当孩子写出第一个字的时候，不识字的父母会高兴地把孩子举起来；而那些有钱的家长却只表示了淡淡的兴趣，他们同时更关注其他的相关事情（追问学校有没有教学德育的课程等），而孩子那第一个字的进步成果对他们来说似乎倒无关紧要了；有的家长甚至反对自己的孩子在学校里做卫生，他们认为那些是佣人的工作，他们的孩子到学校里来是学习知识的，就不应该做这些低贱的工作；有个家长更离谱儿，他认为自己的孩子太小了，还没有到学算术的年纪，害怕把孩子的脑子用坏了，他甚至因此出面干涉老师的工作……

其实，家长们的这些种种多余的担心往往帮不了孩子，而只会让孩子产生很复杂的情感，让他们在优越感的同时又感到自卑，心智发育都得不到健全。

第六节　成人和孩子

成人应该要抛弃一些偏见，理清自己的思想观念，改变自己的态度，准备一个有利于孩子生活的环境，给孩子提供一个没有障碍的学习空间，要符合孩子的需求，使他能够克服一切困难，显示出自己非凡的品性。

现代教育理念涵盖了两项主要原则：首先是了解和培养孩子的个人特质，并通过孩子特有的性格来引导他的成长；其次是解放孩子。

现代教育常常把“问题”这个词当作研究的主题。

人们常常会提到“学校问题”“性格问题”“兴趣问题”和“能力问题”等，而其他科学研究的却是原理，诸如“光辐射原理”“地心引力原理”等。一般来说，科学研究的核心包括发现问题和解决问题，但如果有人说“我已经把教育的问题全部解决了，我在人类精神方面有许多新的发现，我已经将教育置于明确、单纯的境地”，相信这种话是不会有人认同的。

人们活在这个世界上，社会上有一股无形的压力迫使大家不得不去适应一些无法想象的事情，同时也必须适应那些维护社会安定的礼教束缚。

为此，每个人都不得不做出一些自我牺牲，我们的孩子也不得不面对这种牺牲，这些理想和现实之间的矛盾引发了教育过程中的种种问题。成人当然也或多或少地意识到了这个现象的存在，所以各个国家的教育都在与时俱进地提出教学改革，大家的本意是着眼于缓和沉重的教学所造成的伤害，但很多时候这些改革不过是成人对孩子未来命运的叹息，并不能达到真正让孩子们自由的效果。

在教育研究领域，如果每一个探讨的项目都只限于对外在现象的研究的话，那就是治标不治本，这些表现出来的不同症状可能是同一个原因引起的，要想解除病痛就必须找出真正的病因来治疗。在现实生活中出现的很多所谓教育问题，绝大多数都起源于孩子和成人之间的冲突和对立，是成人无意间在为孩子的成长道路设下的难关，而并非什么真的需要花很大气力才能消除的问题，这些事情最终因为成人的盲目和自以为是而真正成了问题。

成人总是自以为是地以道德和科学的名义试图操纵孩子的意志来满足自己的意愿，他们成了孩子发展道路上最有危害的人。这种成人与孩子之间的矛盾冲突与教育问题造成了很多孩子成年以后精神错乱、性情异常等不稳定的现象，这些问题在成人和孩子之间循环往复着，形成一种恶性循环。从这个角度上来说，要根本上解决教育问题首先要针对的是成人，是孩子成长过程中最亲密的老师和家长。

成人应该要抛弃一些偏见，理清自己的思想观念，改变自己的态度，准备一个有利于孩子生活的环境，给孩子提供一个没有障碍的学习空间，要符合孩子的需求，使他能够克服一切困难，显示出自己非凡的品性。

蒙台梭利学校试着做过这方面的努力。我们发现，自从我们为孩子营造了一个适宜的学习和生活环境，孩子在生活中自然而然地流露出了令我们难以想象的创造力，并且，他们在工作中展现出了前所未有的沉稳。事实证明，孩子在一个与他精神上的基本需求相匹配的环境下能将长期潜藏在他身上的态度浮现出来。这一点都不奇怪，一直以来孩子和成人之间的抗争让他们不得不武装自己，表现出压抑的精神状态。

通过观察我们发现，孩子的内心有着两种完全不同的心理状态。

首先是体现出孩子正常善良的、自然而富有创造力的状态；他们表现出来的纯真和勇气都来自道德的力量，是孩子融入社会的迹象；而另一方面是因为受成人压制而产生的自卑心理。

当我们意识到这一点的时候，就应该改变与孩子的沟通方式，以全新的态度来面对孩子，别再把威严和权力集于一身了，以谦和的态度来帮助孩子吧！这才是他们对成人真正的需要。

对于那些被压制的孩子来说，成人就是制造出许多让他们无法解决的问题的祸首；对于那些自由成长的孩子来说，成人则是一个对自己的错误充满自觉性、能和孩子平等相待的人，这个时候的成人不但能轻松、愉悦地与孩子相处，还能和孩子共享充满爱的温馨世界。

科学的教育方法应该设立在与孩子平等相待的体制下施行：先设定一个存在的真理，向前发展巩固基础，发展出一套确实可行的方法，以减少错误的产生。

孩子希望成人给予他们有用的协助，他们本身就是引导成人求得真理的人。

成人在协助孩子的同时也在帮助自己不断进步。

孩子的成长除了各种活动以外还需要对物质的接触，他们需要在学习上得到指导，这些才是他们有赖于成人提供的帮助；成人应该尽可能地实现孩子的需求，如果成人在这方面做得不好，孩子就不能顺利发展，而如果成人做得过了头，也可能会阻碍孩子的发展，使他们的创造力无法正常发挥。

孩子的活动是经过和物质的接触产生的，他们从活动中获得自由，发挥自己最佳创造力，在学习过程中不断进步，成人此时应该保持着指导者的角色，在孩子有需要的时候才出现，让孩子的个性循着自己的规则展现，以使他们在不受干扰的情况下发挥他们的各项行为能力。

在诸多的实践中，我们得出一项结论：成人对孩子的干预、教具的使用和学习环境都必须有所限制。教具太多或太少都会对孩子的发展产生负面影响——过多，容易使孩子举棋不定，精力涣散；太少，则会导致孩子学习上的停顿。这就好比我们生活中的食物对我们身体的影响一样，食物缺少营养会让人营养不良，吃得太多了又会造成消化不良，两者都会给身体带来不利影响。大量的实验证明，合理地使用教具能够激发起孩子们的自觉性活动和全面的发展。

当成人放下架子去理解孩子心理的时候，会发现孩子的内心世界远比我们认识到的丰富和成熟。有研究报告指出，即使是很小的婴儿也能和环境水乳交融，他们适应环境的能力更胜于他们的肌肉发育能力。

孩子天生是有二元性的，一是他们内在的心理发展，二是身体的成长。

这与其他动物有着截然的不同：其他动物都是从一出生就有天生的直觉指引着它们怎么做，而人类却必须从婴儿期自行构筑这套机制，以呈现出自己的精神和采取行动。人类独特的优势在于自我必须启动身体用来动作的复杂器官，这些动作最终又显示出个体的独特性。人类不断地在创建自我、拥有自我，最终达到控制自我的阶段，孩子的发展过程就是这样一个连续发展和变化的个体，他们循序渐进地在行动和精神活动中求得平衡的发展。

成人的行为是经过思索后产生的，孩子则不断地设法让思想和行为取得一致，这两者是否一致是孩子发展过程中的关键。所以说，妨碍孩子的行动就是在孩子的人格构建中设立了障碍。行动并非只是对某个精神做出反应，它可以听从他人的命令而产生，所以，家庭教育和学校教育必须特别注重孩子这方面的特点：孩子的精神比一般的成人眼中的更加高尚，经常让孩子去做那些对他们来说毫无意义的事情会让孩子觉得很痛苦；他们对感兴趣的事情会愿意付出心力，对那些与他们的智能和尊严相符的事情也会很开心去完成。

我在全球上千所学校看到很多孩子做到了成人以为他们不可能做到的事情：他们能够专心到与世隔绝地、长时间做一件事而不觉得疲劳；他们在文化方面尤其显得早熟，四岁半的孩子已经学会写字，而且很享受写字的乐趣。

因为是一项自发的活动，孩子哪怕在很小的时候就能在轻松有趣的氛围下学会绘画和写字，他们长时间地坚持下来也不会觉得累。

成人在抱怨自己的孩子身上种种缺点的时候完全没有意识到孩子身上的这些缺点恰恰是我们自己造成的，孩子慵懒什么都不想做、疑惑叛逆等让成人不可忍受的事情，恰恰是成人自己给予的。是成人在无知间夺走了孩子旺盛的精力，破坏了孩子独特的个性；是成人们急于纠正孩子的错误，平复孩子心理上的缺损，弥补孩子性格上的缺陷，却不知孩子这所有的一切缺点都是自己造成的，而自己后续这些无知的干预已经于事无补，有的甚至会在更大程度上加大孩子的缺陷。

成人发现自己受困于问题中时却不知如何是好，孩子长大成人以后又继承了这些错误，又把这些错误延续在自己的后代身上，如果这个错误得不到改正就会代代相传下去。

第七节　爱的源泉

生活中的爱可能会因为仇恨而遭到质疑，但一直以来爱都是人类的理想，不管过去和将来，它都是客观存在着的。

蒙台梭利学校经常会举办一些聚会，来参加这个聚会的人在身份、民族、国籍和受教育的程度上都不尽相同，语言和教育观念也有很大差距。但这么多次的聚会下来，他们之间都没有发生过什么不愉快。在其他时刻，成人们往往会因为利益和信仰的分歧形成各种团体，各团体间很可能会因为某个不同的观点而相互谩骂，甚至大打出手，但面对孩子的时候，大家此刻都因为对孩子的热爱出现了相同的情感，这种情感让他们抛却了政治观念、宗教信仰而和谐相处。从某个层面上来说，是孩子的爱让成人们团结到了一起。

爱的本质是什么？

首先，爱是人类最伟大的情感。因为爱，孕育了人的生命，爱的力量能使最野蛮和粗暴的人也为之屈服，最残忍的暴君也有被爱感动的方面。无论人与人之间的行为存在多大的差别，每个人的心里都是有爱的，这是人的天性。当这种力量发挥作用的时候，人们的心灵就此被触动。爱在时刻影响着每一个人，而每个人天生都有对爱的渴求。

把目光转到孩子身上，我们会发现孩子是爱的起点，凡是与孩子相关的话题都与爱有关。

爱又是个很难下准确定义的东西——我们常常感受到爱的存在，却没有人知道爱的根源在哪里，也没有人能准确定义爱的作用有多大。

虽然人与人之间存在种族、信仰、社会地位的差别，但只要说到孩子，人们之间就会形成一个友好团结的关系，彼此之间的戒备心和各种隔阂都随之消失。

与孩子在一起时，成人会变得更亲切、友好，猜疑之心消失。这种爱表现在成人身上就是他们常有的一种保护他人的冲动，它是道德的基础，是人类的禀性之一。群体之间的团结力量也是因它而促成的，即使战争时期，人们对爱的寻求也未曾停息过，甚至会更执着；不论人们的社会分工和地位如何，但凡渴望生活的人都在谈论着爱的话题。

生活中的爱可能会因为仇恨而遭到质疑，但一直以来爱都是人类的理想，不管过去和将来，它都是客观存在着的。

爱不是学校教育的产物，而是人类天性的蕴含。爱和对爱的渴望是人类生命的一部分，它会在生命中得到充分体现，它是一种坚不可摧的生活现实，不仅是一种力量，而且是一种创造。

圣·保罗就曾说过："假如没有爱，世间的所有语言不过是一些毫无意义的声音。即使我能够预言久远的未来、揭示无尽的奥秘、掌握所有知识，即使上帝赐予我移山倒海的能力，假如没有爱，也将一事无成。即使我散尽财产救济穷人，即使我抛弃生命追求道义，假如没有爱，又能成就什么呢？"

他的这段话很好地反映了现代人的处境：科学发展到今天，人类已经拥有了太多的能力，但生活中如果没有爱，所有这一切都毫无意义。

想想看，人类如今已经成立了各种组织机构来救济世界各地的穷苦人们，为这些人提供粮食和衣物，假如这些事情的背后没有真正的爱心，这一切都将失去意义。

爱的本质用一段对人类精神世界的描绘来说可以概括为：爱意味着仁慈之心，持久的忍耐；爱就是不嫉妒他人，不做亏心事，不自高自大；爱就是摒除野心，放弃私利，克制怒气，不做恶事；爱就是热爱真理和正义，爱就是宽容、信任、期望和忍耐。

孩子的生命虽然还很脆弱，但他们的心灵却能包容世界上任何东西，同时他们还能通过自己的行为将它体现出来，不管他们出生于何地、周围的环境如何艰险，他们都能适应它，不加选择地在那个地方成长起来；不管他们出生和成长的地方环境如何，他们都会喜爱终生，一旦离开反而会产生失去生活的感觉。

人类创造的社会最基础的东西就是“具有吸引力的心理”。孩子用爱的方式给我们指明了命运的方向，他们的发展向我们展示了爱的轨迹。人类用大自然赋予的这种伟大力量使自己的生活越来越美好，爱的情感在人类各种分歧和仇恨中同时并存着，如果世间没有爱，人类所创造的一切文明和进步都会失去价值；如果爱的潜能得不到发挥，人类身上动物性的掠夺习性就会无限发展，人类将变得跟禽兽没有区别。

孩子在这方面能给成人们很多帮助，如果把成人的力量和孩子的力量结合起来，人类的生活一定会越来越美好。

爱是一种本原力量，也就是物质的“吸引力”“亲和力”，它包容在这种力量之中，是形成物质的基础，包括星辰运行、大地形成，有机物的结构和生命的衍生都来自这里。

大自然间所有动物的繁殖都是爱在自然界里的具体表现，如果没有爱的作用，生命就不能延续，物种也将灭绝。动物间的其他行为也同时表现出爱的存在——它们之间的亲和力、群体对个体的保护能力等都是爱的表达。

每一个新生命的到来都会唤起母亲的爱，母爱让母亲为新生命提供所有他们需要的一切，确保他们的安全和健康成长。

爱是大自然赐给人类的珍贵礼物，如果人类忽略了这种恩赐，是对大自然的一种浪费。哪怕有一天人类真的消失了，爱的力量也会永存不息，继续存在于其他使命之中。

爱存在于所有生命里，而人类才将它升华，并使之成为无尽的精神财富，而这种力量又把人类凝聚成一个整体，在这里，爱已经不是一种概念，它是一种真实存在的力量。

人类通过这种力量充分享受自己创造和智慧的成果，如果没有这种力量，人类的活动将会遭遇混乱和破坏，人类的所有创造发明都将得不到保存，直至全部毁灭。

爱是宇宙中最强大的力量，它胜过人类所有的一切，它贯穿每个人的心灵。每个降生的婴儿都给人类带来这种力量，如果我们想对爱有一个切实的了解，就必须关注儿童的发展。

第八节　为孩子提供适宜的环境

孩子自己做练习的时候他们一般不会不耐烦，也很少闹脾气。孩子在成人的授意下不得不做一些为了步行而步行之类的事情时，他们常常会不接受，会用自己的方式向成人提出抗议。

对孩子提供新式的教育，不仅要改变教师的职能，还应该从学校的环境着手进行改变。当学校为孩子提供自由生活的场所时，孩子才可能在这里享有精神及发育方面潜在的自由，他们才能在这里找到成长与发育的最好条件。

放眼现在学校的条件，我们会发现，成人为了避免学生注意力不集中，刻意地将孩子们用的桌椅制成单一的黑色。这种颜色有两种好处：一是可以避免孩子不小心将桌面弄脏，二是可以免去一些分散孩子注意力的因素。为了避免桌椅在孩子们的行动中不被弄倒弄翻，它们都被制得沉笨难以移动。教室里其他凡是可能吸引学生注意力的东西都会被搬走，学校的墙壁一般都是单一的灰白色；学校卫生间也毫无装饰，一进去就让人觉得恐怖。整个学校看起来给人的感觉就像进了医院的太平间，沉闷单调。成人自认为这些煞费苦心的做法能让孩子们集中注意力，能让孩子将所有注意力集中到成人想要的方向上来。

蒙台梭利的“儿童之家”在这方面采取了与一般学校不同的做法。在我们的学校里，所有的设施设计都从生理卫生角度出发，尽量为孩子提供更大的自由活动空间；教室和厕所的面积比一般学校的教室面积大得多，还配备了洗澡间和中央供暖系统，体育馆里的设施也很高档、昂贵；孩子们的桌椅是能自动旋转的，能有效防止孩子因长时间保持一个固定的姿势而导致身体发育畸形……这种改进的造价成本当然比传统的做法更费时、更费钱，也更费心力，但它同时也表达出了人们的革新精神，更重要的是它们对孩子的成长的确有很好的促进作用。

如果这种做法能普遍地推广下去，绝对有助于改变我们的一些不良习惯，引领人们进入一种全新的启蒙教育模式。这种人性化的艺术能促使孩子们脱离那些丑恶黑暗的环境。

我们无须担心这些艺术的环境会吸引孩子正常的注意力，孩子一旦真正被自己的工作所吸引，就不会再被其他东西来分散注意力。相反地，美好的环境不但可以使孩子疲惫的精力得以恢复，还能有助于他们集中思想。对成人来说，最适合生活的地方是最美丽的，于孩子来说，又何尝不是一个道理！

在学校的一些家具使用上，我们应该本着轻巧、易搬动、具有教育意义的原则。我们往往不敢将一些漂亮易碎的东西拿给孩子们使用，担心他们不小心会打碎那些珍贵的东西。事实上，孩子们因为还不能很好地控制自己的行为，也的确常常将这些东西弄碎，成人在心疼损失的时候没有考虑到另一个很有教育意义的方面：它们的破损就是在向孩子的鲁莽行为和漫不经心提出警告，它引导孩子改正自己的行为，训练他们动作的仔细和准确性。孩子对美好的事物同样怀着热爱之心，如此一来，他们会养成文明的习惯，通过这些训练，他们会得到自我完善，将各种动作统一并协调起来，他们的活动也会更加灵活和自由。我们还可以让孩子多听恬静、优雅的音乐，经过这种熏陶，孩子会对那些不和谐的声音感到厌恶，从而约束自己不随意发出这类声音，尽量避免和他们之间的争吵。

可事实上，大多数的学校还是采用那些沉重坚固得连搬运工也难以搬动的桌椅，在使用中，不管孩子对它们做出什么动作它都不会有什么大的破损。这样，成人们是省心了，看起来也节约了很多不必要的成本，但这种环境会让孩子对自己的错误毫无觉察，会把孩子往错误的方向上越引越远。

另一方面，教室里拥挤的空间限制了孩子活动的自由，他们不能随意跑跳、玩耍，孩子在这种封闭狭小的空间里将不可避免地采取暴力行动，这种紊乱的环境让他们的工作不会有秩序。

养过小鸟的人都有经验，为了给小鸟提供尽可能多的活动空间，我们会在那不大的笼子里放进一根树枝，这样就可以供它们跳上跳下，以增加鸟儿的活动方式。回头面对我们的孩子的时候，为什么我们就不能为他们多想想，也为他们提供一些尽可能多的方便呢？

我们观察发现，孩子自己做练习的时候他们一般不会不耐烦，也很少闹脾气；孩子在成人的授意下不得不做一些为了步行而步行之类的事情时，他们常常会不接受，会用自己的方式向成人提出抗议（比方说哭闹等等）。所以说，孩子在听任摆布的活动中很少有良好的表现，对他们的发展也起不到帮助，反而会使他们的行为变得粗野，甚至让他们做出一些危险的行为。当然，这并不是说成人不应该对孩子的行动做任何指导。孩子在做一些运动时如果没有得到有效的指导，他们的安全不但难以得到保证，他们对这种没有安全感的事情也会感到厌倦和害怕。

对孩子来说，简单而有建设性的工作才适合他们，他们通过这些活动可以进行自我训练，从而协调自己的动作。

在这个过程中，成人应该配合孩子的工作，为他们准备一个适宜的环境，让孩子自由发挥模仿和活动的能力。我们提供的家具应该符合孩子的身形和力量，以便孩子在没有一点儿疲劳感的状态下逐步完善动作的协调性，同时学会人类特有的优雅和灵巧。这是孩子成长的重要条件，也是形成孩子独特而复杂个性的重要因素。

孩子的社会意识是在与其他可以自由活动的孩子共处中形成的，他们会对自己的所作所为感到满足，让他们处在受保护和控制的环境中能使他们的意识得到升华。在这个过程中还能培养孩子坚持完成任务的意志和品质，并在这个过程中得到一种理性的快乐。

观察发现，孩子在这种环境下会自觉自愿地努力工作，还会在工作中使自己的精神得以健全，孩子的身体器官也在工作中得到生长发育并且日益强壮。

第六章 育儿的方法

一个因为不运用运动器官而使发育受到阻碍的孩子比起那些没有视力或是听力的孩子，他们的“智力媒介”更匮乏。

人在潜意识中存在着心理盲点，而这种盲目的程度非常可怕，是科学发达至今的人类还远远不能揭示的东西。

精神一旦脱离物质，就会僵死，运动或身体活动对心理的发展和人的智力发展比通过听觉和视觉获得的智力感觉更有价值。

孩子的心理主要任务是记忆，所以当他们发现一件事情没有做好时，他们会尝试着用自己记忆中的方法来处理好。

孩子天生有一种成人都无法理解的秩序敏感。

孩子的行动与成人的行动最根本的区别在于：成人在明确地以一种合乎逻辑的方式行动，而孩子在某个阶段的时候只是在为自己的目的行动，他们的这些行动未必合乎成人的逻辑方式和思维方式，成人和孩子也因此常常产生矛盾。

教育工作应该在孩子学会阅读书本和尊重书本之前就开始，成人应该为孩子提供帮助，以帮助孩子正确地拼读和书写，以便他们迅速地提高书写水平。

富裕家庭里的孩子们从小被奢侈品所包围，家里的那些东西对他们已经没有吸引力了，那些能使贫困家庭的孩子着迷的东西他们也不再感兴趣，他们只会选择自己偏爱的东西，但老师和其他成人们都很难捕捉到他们所偏爱的东西是什么。

第一节　运动对孩子发展的影响

精神一旦脱离物质，就会僵死，运动或身体活动对心理的发展和人的智力发展比通过听觉和视觉获得的智力感觉更有价值。

俗话说：生命不息，运动不止。由此可见运动对于所有生命的重要性。

只要机体活着，必将有运动伴随。运动对于孩子来说更具有特别的意义：孩子的自身发展在心理发展的支撑下也同时依靠着身体的运动，它在功能运用上的创造性力量使人类达到人种的完善，孩子通过运动可以改善外界环境，从而达成自己改造世界的使命。运动是人类与外界现实建立明确关系的唯一途径，它不仅是人体的必要，也是人类智力发展的必要。

运动可以锻炼孩子的身体，使他们的肌肉保持健康，孩子的生命因此变得更加强健有力，它同时也是孩子智慧成果的外在展现，能控制和运用运动器官，使孩子得以实现自己的意志。

悲哀的是，成人不但没有对儿童的身体运动产生足够的重视，很多时候还无知地阻止了他们身体的运动，他们自以为是地认为孩子的某些运动会给孩子本身带来危险，所以下意识地控制着孩子的某些运动（一些家长害怕孩子会溺水，就禁止孩子游泳，甚至禁止孩子接近水塘之类的地方），就连一些科学家和教育家也都没有注意到运动在人的发展过程中的重要性。

毫无疑问，植物和动物之间的区别是植物扎根于土壤里，动物则可以到处活动，从这个角度来考虑的话，成人依据自己的意志来控制孩子的运动不是显得很可笑吗？如果孩子真的做到像植物一样一动不动了，就不是个人了。成人不停地要求孩子安静、不要乱动，实际上就是自己在跟自己较劲，是不可能实现的事情。

心理学家认为，人在潜意识中存在着心理盲点，而这种盲目的程度非常可怕，是科学发达至今的人类还远远不能揭示的东西。

人们已经认可感觉器官对心理发展的重要性，而现实生活中聋哑人和聋盲人的心理发展都很困难。这是因为，眼睛和耳朵被认为是人类心灵的窗户，是“智慧媒介”，又聋又盲是一种不利条件。如果成人在孩子成长过程中人为地剥夺他们的视力和听觉的话，是根本不可能达到成人自认为的可以更好地帮助孩子获得高水平的文化知识和社会道德的效果，相反，只会阻碍孩子的发展。

我们通过观察证明：一个因为不运用运动器官而使发育受到阻碍的孩子比起那些没有视力或是听力的孩子，他们的“智力媒介”更匮乏。肉体不自由的人所受的痛苦远比聋盲人更明显和严重，这是因为聋盲人虽然不能通过眼睛和耳朵与外界接触，但他们在适应一段时间后可以通过其他的感官敏锐部分来弥补已经失去的条件。而一个正常的、不运用运动的人，他们的身体运动是无法被其他任何东西所代替的，他们不但会因此远离生活，也会伤害了自己。

精神一旦脱离物质，就会僵死。运动或身体活动对心理的发展和人的智力发展，比通过听觉和视觉获得的智力感觉更有价值。我们身上的眼睛是一台极其奥妙的逼真相机，耳朵则是一支乐队，这些优良的装备就是思考自我的媒介，个体通过它们与外在世界建立联系，也通过它们来满足自己的心理需要。

如果个体自我感受不到外在世界的种种自然之美，这些感觉器官也就没有存在的必要了。人类通过看和听使自我得以形成和发展的更高目的是最重要的目的。所以，我们应该重视和好好思考一下如何来激励和引导孩子的运动器官，使他们的行动比本能感知的东西更具指导性。

第二节 孩子的手和他们的节奏

每个人的活动都有其独特的节奏，人们对与自己相近的活动节奏感到很高兴，却对被逼着去适应他们节奏的事情感到痛苦。

和成人一样，孩子活动时也需要运用到手。手的运动是孩子工作本能的第一次展现，成人必须深刻认识到这一点，否则就会给孩子的成长制造障碍。

当然，这并不是成人下意识的一种做法。

成人的思维世界里往往会运用最直接的方法，他们只想在最短的时间里实现最大的利益，一切看起来没有成效的事情都不会被接受，所以当他们看到孩子正在做一些成长过程中很需要、但成人们看不明白其目的的事情时，充满爱心的成人们就开始痛苦不堪，不甚理解了。此时此刻，他们只想着如何用自己的方法来帮助孩子尽快地、更好地完成——他们没有意识到，这一动作已然对孩子的发展起到了障碍。

孩子的心理主要任务是记忆，所以当他们发现一件事情没有做好时，他们会尝试着用自己记忆中的方法来处理好，虽然做得可能比成人要慢一些，却是投入了他们全部精力和热情的。这个过程对于正在发展阶段的孩子来说是一种很有成就感的活动，即使没有成人的帮助，孩子通过自己的努力也能把事情做好。

举个很简单的例子。一个孩子想要自己梳头发，他还不具备很好很快地就能达成成人的梳头标准，这个时候成人就不会支持孩子的想法。如果成人真的觉得孩子有必要梳头了，就会自己动手帮孩子又好又快地梳好头，而这个时候，被梳得很整齐的孩子反而会很不高兴，很有挫败的感觉。

这类事情在生活中很常见，往往不只梳头穿衣服之类，成人们往往认为孩子们正在试图去做一些没必要的活动，所以对他们的想法都会加以拦阻，当孩子不听劝的时候，成人往往会很恼怒。这种矛盾的产生其实很简单：成人和孩子的节奏不同，成人很不喜欢自己的节奏被改变，却往往忽视了孩子对节奏的需要。孩子的各项身体机能都未发育完成，他们动作的幅度与成人不相同，这就决定了他们的节奏跟不上成人。成人应该允许这种差距存在，毕竟这差距不是因为孩子的主观因素造成的，并不是他们行事懒散，而是他们受身体条件所限制而导致的。

每个人的活动都有其独特的节奏，人们对与自己相近的活动节奏感到很高兴，却对被逼着去适应他们节奏的事情感到痛苦，成人尚且如此，那些正处在发育中的孩子又怎能高兴得起来？当成人们用自己的节奏来要求孩子时，他的要求对孩子来说就是无理的。

当成人容忍了孩子的活动节奏时，孩子在成人的环境里造成的所有混乱就都能被成人接受了。但很多时候，成人因为种种原因看不到孩子身上的节奏合理性，常常觉得自己有必要对其进行干预，甚至用自己的行动来代替孩子的行动。这种做法并不能满足孩子最基本的心理需要，反而成了孩子行动的阻碍。这也就是为什么很多时候成人们一门心思为孩子好的时候，孩子却“不听话”地绝望哭叫。孩子的这种哭闹就是他们在向成人展示他们努力求得发展的决心，遗憾的是，他们的这些举动大多数时候只被成人看作是不乖的表现，在不断受到成人强势压制的时候，并不会引起成人的重视。

成人给孩子一些不必要的帮助，不但不能帮助孩子的成长，相反，会给孩子以后的生活产生最为不利的后果。

第三节 孩子的秩序感和分享能力

孩子认为把东西放整齐是一种很有吸引力的工作，他们愿意为此而认真工作。他们对色彩的敏感性甚至远远地超过了我们成人！

孩子天生就有一种成人都无法理解的秩序敏感。

通过工作中的一些观察，我发现这样一件事情：老师把教具分发给孩子，孩子用完以后交给老师放回原处，每次他们都会围在老师四周，他们想通过自己的感官把材料放回原处去。我从他们渴望的眼神里看到了他们的需求，我试着允许他们自由行动，他们果然把这些教具收拾得像我收的一样整齐。

通过大量的观察我得出一个结论：孩子认为把东西放整齐是一种很有吸引力的工作，他们愿意为此而认真工作。他们对色彩的敏感性甚至远远超过了我们成人！

有一次，一个装着彩色小方块的盒子被我不小心弄掉地上了，盒子里装着 80 块不同颜色的彩色方块。看到这些方块乱七八糟地散落在地，我当时替自己捏了一把汗——对我来说，要把这些方块重新按原来的次序排列起来可真不是件容易的事情！正在这个时候，我的学生们跑了过来，他们把所有的彩色小方块都按颜色深浅放回了它们原先的位置上，动作之快、位置之准，都是我望尘莫及的。

有时候，我们成人总担心孩子们会把我们的东西弄乱，这种担心真是又多余又可笑。

我一直相信训练对孩子来说能起到纠正错觉的效果。为了强化训练的结果，我拿出一些糖果奖励给那些参加训练的孩子，但是，这些平常对孩子来说很有吸引力的糖果此时却被孩子们拒绝了，有些接受了糖果的孩子也并不急着吃，而是把它们放进衣服的口袋里。

对于这个现象，刚开始的时候我觉得很奇怪，我不明白他们为什么不把糖果吃掉，也不知道他们要把这些糖果留下来做什么。

直到后来，我发现他们是为了把它们留给一个生病的孩子吃！他们把从我这里得到的糖果作为慰问生病的小伙伴的礼物转送给了生病住院的小伙伴，而那个生病的孩子接受了这个礼物以后也没有着急吃，他把它们放在床头的小盒子里，每次有人去看望他的时候他就把糖果取出来分给大家吃。孩子们这种对礼物的珍惜和彼此之间的分享，让我这个成人都觉得十分感动。

而这种现象在孩子中间很常见，这种行为并不是有人教给他们的一种伪善表现，这是孩子们内心世界里自发而自然的表现。当孩子的境界升华到一定程度的时候，他们完全自愿地拒绝了这些表面的奖励。与此同时，他们具备了分享、馈赠的能力。

我还听说过一个出乎人们意料的故事。在一个贫穷的家庭里，有一个孩子被母亲带着在厨房里烹调食物，母亲随手拿起一块黄油时，小孩子说："这是长方形。"

母亲切去其中的一个角，这个孩子马上说："现在是三角形的了，剩下的像四边形!"

有趣的是，他自始至终没有说："妈妈，请给我一些面包和黄油!"

第四节　无逻辑、无目的的活动

孩子的行动与成人的行动最根本的区别在于，成人在明确地以一种合乎逻辑的方式行动，而孩子在某个阶段的时候只是在为自己的目的行动，他们的这些行动未必合乎成人的逻辑方式和思维方式。

孩子的行动与成人的行动最根本的区别在于，成人在明确地以一种合乎逻辑的方式行动，而孩子在某个阶段的时候只是在为自己的目的行动，他们的这些行动未必合乎成人的逻辑方式和思维方式。成人和孩子也因此常常产生矛盾。作为强者的成人常常会用罚打孩子小手的方式来宣告自己的权威，因为孩子想要动的东西正是成人家里的一部分，而他们的行为又常常只依照自己的想法来做，他们得不到成人的理解，成人往往视这种情况为孩子"不听话""不乖"。比方说，孩子很喜欢把瓶子的盖子拧下来、再盖上去，特别是那种上面可以反射出五彩光芒的盖子更让孩子爱不释手。他们将盖子取下来又盖上去，似乎并没有一个明确的目的，却又对此乐此不疲。他们还喜欢打开、关上柜子的门，他们其实并不太关心柜子里有什么东西，他们只是对开门、关门这项工作本身感兴趣。

大多数时候，成人并不理解孩子的想法，生怕他们会弄坏自己的东西，所以常常为此大惊小怪地责罚他们。

其实，只要给孩子一个替代物品，允许他们进行相同的活动，孩子同样会觉得很满意。这类事情其实是孩子的基本活动，是人类最初阶段的活动，它完全没有逻辑性和目的，却又是人类发展成长过程中必须经历的阶段。孩子在这个过程中不断积累一些成人没有意识到的知识和经验，用以促进自己的发展。他们的想法和要求非常简单，却是成人的心理很难实现和接受的。这些问题当然出在成人身上，成人的心理存在着极深的障碍，即使成人表面上同意孩子自由触摸和搬运东西的要求，他们的内心也无法化解禁止孩子做这个动作的冲动。

曾经有个熟悉这个理念的年轻妈妈，她很希望在她的两岁半的儿子身上实施这个教育理念。有一次，孩子把一只装满了水的水罐从卧室拿到客厅里去，她感觉到孩子很紧张，孩子尽量在让自己做好这个动作。这位妈妈看到这水罐很重的时候，最终还是没能忍住内心的冲动，出手帮助孩子将这个水罐拿到了孩子想要的目的地去。她的孩子果然很伤心，一副很受伤害的样子。这位妈妈意识到了是自己让孩子感到痛苦，另一方面却又发自内心地觉得自己的做法是对的。她告诉我说她心里当时很矛盾，她认可孩子的做法，却也认为自己的举手之劳就可以完成的事情完全没必要把孩子搞得很疲惫，更没必要让孩子把时间浪费在这种小事上面。

看她懊恼的样子，我给她出一个主意，让她将一个漂亮、轻巧的杯子交给孩子去完成相同的工作。她犹豫着同意了我的想法。

后来她告诉我，孩子拿着杯子小心地、走走停停着将杯子拿到了安全的地方，她自己在一旁被两种心情纠结着：一方面为儿子的工作高兴着，另一方面却为杯子担心着。两种同样强烈的心情煎熬着她，直到她亲眼看着孩子完成了这项工作。

其实，比完成这项工作更重要的是孩子对这项工作的渴望，它对孩子的心理发展极为必要。如果成人对孩子的这种工作本能不理解，就会对孩子第一次展现出来的那种工作本能觉得很奇怪。要真正做到尊重孩子的发展规律，就必须容忍这些与自己的日常生活不相容的行为，更要克制自己的习惯，不强制孩子依着成人的方式来处理事情。虽然孩子的很多做法与成人的想法不能相同，但成人必须认识到孩子就是这个环境之内的一员，他们也是一个社会内的人，成人的任何一个不认可都会对孩子的成长造成不必要的阻碍。

与此同时，成人还要为孩子准备一个适宜的环境，以帮助他们更好地展现自我。当然，在孩子刚学说话的时候，成人没必要为他们准备任何东西。当孩子的小手对工作器具有需求的时候，作为家长，必须提供给与他的工作目的相适应的工具。成人很难想象孩子在活动中所花费的努力。

有时候，一个年幼的孩子在适宜的工作环境中展现出来的熟练的技术性，会让我们成人都赞叹不已。

第五节　读书和写字

教育工作应该在孩子学会阅读书本和尊重书本之前就开始，成人应该为孩子提供帮助，以助孩子正确地拼读和书写，以便他们迅速地提高书写水平。

书面语言是口头语言所衍生出来的文字表达，它把一个语音变成可见的符号，两者同时发展促进着书写的进步，而书写则有助于掌握字词和音节。与此同时，人类的双手掌握了与说话同样重要的技能，并创造出精确反映口头语言的书面语言，语音组成的词句渐渐形成了书面语言的格式，而书写使大脑和双手都成了受益者。

从某种角度上来说，书写的出现是文字发展的一种自然而且合乎逻辑的结果，人们还没有特别研究过相关的课题，但“儿童之家”发生的故事让我有了出乎意料的发现，也让我从现实事例中发现了孩子朝这方面发展的过程。

有个孩子自动地开始学习书写了，他很惊奇地向周围的人宣布："我会写字了！"

其他的孩子都围了上去，极有兴趣地看着他用粉笔在地板上写字，都喊着嚷着"我也会"，跑着去找其他写字的地方……这种不懂得劳累的练习像决堤的洪水一般猛不可挡，他们在够得到的地方到处练习写字。这些四岁左右的孩子显露出来的书写才能大大超出我的预料。

这个时候的孩子甚至对我以前收集到的一些带有精美图画的书都不感兴趣，他们对它所表现出来的冷淡让我很意外。我认识到此时孩子们的主要目的是要写字而不是看图片，这些精美的图片对认真工作中的孩子起不到任何的吸引和分心作用。

孩子们此时还不太喜欢去阅读别人写的东西，一来他们还不能理解阅读的含义，二来他们还不能读出这些文字。而当我读出他们所写的东西时，大多数的孩子都迷惑不解地看着我，他们大概不懂我怎么会知道他们所写的东西的。不过，六个月以后，他们对所读到的字的含义开始理解了，阅读和书写结合起来让他们取得了成人无法想象的进步。

孩子们注视着我在一张纸上描字的手，他们的心里认识到文字对我来说是可以像说话一样表达自我思想的。他们拿起我写过的那张纸，试图阅读这些字，他们虽然没有读出声音来，但那一张张因为思考而皱起来的小脸告诉我，他们正在通过阅读来理解我的意思！当他们的脸上露出笑容的时候，我知道他们已经读懂我的意思了。

孩子的阅读就这么开始了，刚开始的时候他们好像只是把书面语言理解成表达自己思想的另一种方式，就像人与人之间直接沟通时所使用的口头语言一样。

为了方便孩子复习识字课本，我们学校为孩子准备了一些相关的材料，他们开始阅读在学校里能见到的所有印刷体的字母。通过孩子的父母我们还得以知道，这些孩子在街上走走停停，为的就是认清楚商店招牌上的字母。孩子们认真的程度极大地耽误了父母行进的速度，以至于他们的父母都不愿意带着他们一起上街了。

这个时候的孩子显然不只是光在读这些句子，他们还希望在知道字母含义的情况下学习另一种书写方式，虽然他们好像是成人在辨认岩石上留下来的史前文字一般艰难，但这个凭直觉探究的过程，让孩子对任何印刷体都产生了极其强烈的兴趣。

这个时候成人并不需要向孩子解释这些印刷符号，过于匆忙的帮助只会扼杀孩子探究的兴趣。同样地，强求孩子通过书本来识字的年龄太早，对孩子来说也毫无裨益，这些动作都会使孩子充满活力的心理活动遭到削弱。只有当书本的重要性真正被孩子理解了以后，书本对他们来说才会成为迫切需要的东西。我们在很多学校里都发现过这样的事情：孩子在看书时发现哪个故事有趣就会把那几页撕下来，这给平静的学校制造了很多混乱，孩子爱书的小手反而对他们喜欢的东西产生了极大的破坏性。老师们此时往往头痛不已，费尽心机想出诸多办法来应对，但这类现象还是屡禁不止。

其实，教育工作应该在孩子学会阅读书本和尊重书本之前就开始，成人应该为孩子提供帮助，以助孩子正确地拼读和书写，以便他们迅速地提高书写水平。

第六节　阅读和书写的教学方法

在书写时，孩子在老师的引导下将声音转变成符号，同时进行手部活动。这对孩子来说是一件容易而且愉快的事情，书写就如同口头语言发展一样总是伴随着简便性和自觉性。

当孩子发展到书写阶段的时候，成人应该怎么样给他们提供帮助，以便他们快速进步呢？法国医生伊塔德和他的学生塞昆没有提供任何理性的写作教学方法。

塞昆在谈到如何进行书写教学的时候说道：“若想让孩子从图形转换到书写——这也是最直接的应用，教师只需要说 D 是一个圆的一部分，然后将这个半圆两端放在垂线上；A 则是两条斜线在顶端相交，中间被一条水平线截断。我们没必要担心孩子如何学习书写，他们会在头脑中想象图形，然后再写出来。我们更没必要让孩子根据对比和类比的法则去画字母，比如 O 和 I、B 和 P 等。”

从这段话可以看出来，塞昆认为我们不必进行书写的教学，只要孩子会画，他就能够书写。此外，塞昆在他的所有书中都没有解释过他的学生是否应当用与众不同的其他方法来进行书写，他倒是花费了很多笔墨来描述图形等为书写做准备的东西，当然也包括了写作。

塞昆认为，要给图形留出一定的空间，要做记号或是画线，要使用好图形的方法，这两个概念就一定得坚持下来。这两个概念相结合产生出画直线的能力，当这些直线遵循着一定的方法和确定的方向延伸时，它才能真正被称为直线，否则就不过是随意的产物。

当然，所有的书写都是不同方向线段的集合体，这些理性的标记都有它确定的方向。

普通的孩子能通过直觉获得这种观念，通过系统的方法，孩子能建立起理性的联系，他们会在模仿的帮助下画出一些简单的直线，然后慢慢地开始写一些复杂的文字。

由此，我们可以制定这样的教学步骤：首先，画出各种不同类型的直线，然后将这些直线画向不同的方向，并确定这些直线相对平面的不同位置；接下来我们将这些线条直接重组，形成各种由简单至复杂的图形。也就是说，我们要先教会孩子区分直线和曲线、水平和垂直以及各种斜线，最终向他们明确由两条或更多条直线相交的点，让他们清楚一个图形正是由这些点构成的，书写并从这种图形的理性分析中产生了。

事实上，我们教给孩子有关直线和其结构的详尽知识后，这些知识就能够帮他们利用平面和各种不同的标记建立连接，孩子们在这方面取得的进步跟他们在智力上所面临的困难程度息息相关。

接下来我说说我自己是如何教授我的学生这种观念的。

我教给学生的第一个几何公式是，从给定的一点到另一点只能画一条直线。说到这个理论的时候，我在黑板上画了两个点，并通过一条垂直的线将它们连接起来，学生们在自己面前的纸上学着我做同样的动作。通常情况下，因为孩子的智力发育不同，有的人会将垂线画到位于下方的点的左侧，有的会画到右侧，智力和视觉方面的不同让他们画出来的位置都不尽相同。为了避免这种偏差对训练产生影响，我一般会在点的左右两侧都各画一条垂线，如此一来，孩子们就能在这个封闭的范围内通过这两条线的平行线将这两点连接起来。如果这两条线还不够用，我会在纸的两边放上两把垂直的尺子，如此可绝对杜绝偏差的出现。

当然，这种限制不能长时间地左右孩子的练习，接下来我会随机擦掉一条线，不久以后会将两条线都擦掉，最后连那两个点都不留下来。通过一段时间的训练，孩子们已经学会了不借助任何辅助外力的情况下画出垂线。

在训练过程中，我们可能会遇到有些孩子在开始的时候偶然画得很好，这并不表示孩子接下来每一次都能取得这么让人兴奋的成绩，我们必须等待他们从中间以一种自然的方式向两边延伸画出水平线。最后，我让孩子们画出一水平直线，将它和垂直的尺子放在一起形成直角，孩子们就能明白垂直和水平到底是怎么回事，在画出这个图形的时候，他们同时也会明白这两个概念之间的关系。

塞昆也让他的学生们在两条平行线中做过类似的练习，他同时还提到了四条曲线的问题，他的具体做法是，让学生们在垂直线的左右、水平线的上下画线。他认为这四条曲线的结合构成了一个圆，这个圆包含了所有的线，也包含了所有的书写。

当然，这个训练不是很快就能取得我们想要的效果的，它需要一个过程，在长期的教学工作中塞昆发现三角形是最容易画的图形。

在阅读方面，塞昆的做法是：在墙上钉钉子，然后挂上用木头做出来的各种几何图形，并在墙上画出这些图形的精确印痕，接着拿走这些图形。他将字母画在一个盒子的底端，让孩子们在上面加字母。

在我看来，这种做法太烦琐了，而且它在面对一般正常的孩子时会显得远远不够。我们应该通过一种更加理性的方法来教育我们的下一代。那些让我们倾向于欣赏复杂事物的本能依然存在，使事物复杂化的本能也始终伴随着我们。

不得不承认，对于一个初学者来说，要想写出一个漂亮的曲线构成的字母 O，是件很困难的事情。我们强迫孩子努力去写一篇又一篇的直线和锐角，其意义也不大。这种练习本身会花费掉孩子太多的苦心，如果同样的要求适用于成人身上，我们会发现有些要求会影响到成人，让他们反而做不好了。所以，在教学中我们提出来的很多限制本身，对孩子学习书写没有任何帮助，反而会让他们的书写工作变得更加困难。

我们在说话的时候用语常常独立于那些语法规则以外，同样地，我们在书写的时候也可以独立于那些分析，把组成字母的部分单独处理掉；那种为了书写而分析性地遵循构成字母的规则是一种生硬而不自然的东西，它只是用来作为教授书写的一种方法的证明，它本身并不能让人学会书写。

我们要做的是让孩子在进行一项作业之前找到如何进行这项作业的方法，我们可以采用一些准备工作让整个过程力求生动一些，通过重复性的练习将这些准备活动简化为一种机制。当然，这种重复的练习并不存在于作业本身，它只是一种准备性练习，接下来学生则可进行真正的作业了。事实证明，即使以前没有直接动手接触过，孩子也能完成作业。

我有一套制作得很精美的书写体字母，也有一些上面画着与木质字母同样大小的字母。我们也准备了一些物体的图片，图片中的第一个字母与字母表中的第一个字母用的是很大的手写体，在旁边印着小一些的印刷体。我们试图用这些图片帮助孩子记忆字母发音，小一些的印刷体与手写体大字母相结合，以帮助孩子们阅读。我用各种方式让孩子们重复这个练习，孩子因此学会了一些手的必要动作，也做到了不经过书写就复写出字母的形状了。

虽然稳定握住并且流利地运用手中的笔只是一种特殊的肌肉运动机

制，而且这种机制本身与书写运动无关，但这种机制对于写出所有不同字母的动作而言却是极其必要的。所以，我们在训练孩子书写的同时一定要让孩子熟练掌握握笔的姿势。我们可以利用肌肉训练来为书写做准备，通过这种方法，我已经教育了一个小女孩儿用铅笔写出了所有的字母，虽然这中间有很多字母她并不认识。

在 1899 年一次偶然的机会里，我发明了直到现在还在使用的阅读和书写的基本方法。

那天我给了一名缺陷儿童一支粉笔，他居然在黑板上写出了字母表中全部的字母，其实他可能一个字母都不认识！

他的这种表现让我深感惊讶，我由此认为书写的实现比我预想的要快得多。

在书写时，孩子在老师的引导下将声音转变成符号，同时进行手部活动，这对孩子来说是一件容易而且愉快的事情，书写就如同口头语言发展一样总是伴随着简便性和自觉性。

同时我也注意到正常的孩子中，肌肉感觉在婴儿时期最容易发展，这让书写对孩子来说显得非常简单。

相反，阅读却关系到抽象智力文化，是来自符号象征系统的概念所做的解释，只有在儿童期之后才能获得。这是一件比书写要难得多的事情，它更需要长时间的教育，需要更高等级的智力发展，需要解释有关符号，需要变化和调整一些噪声以理解他所看到的那些话语，更重要的是，这些都是纯粹智力性的工作。

1907 年 11 月上旬，我从孩子们入学那天起只使用实际生活以及感觉训练游戏，没有让他们进行书写练习，这些练习使他们以某种令人吃惊的方式获得了智力方展。他们需要总结这些练习，他们很快地学会了诸如如何洗澡、如何扫地之类的日常活动。但他们中的许多人跑到我这里来要求学习阅读和书写，直到后来许多孩子的家长来到学校央求我们教孩子进行书写。到 10 月份的时候，我用砂纸剪出了所有的字母，把它们粘在光滑的卡片上，使它们更接近那些用于触觉练习的用具。

这种教具制作起来很简单，可以让许多孩子同时使用，不但可以用来认识字母，而且可以用来组合单词，孩子们的手指在触摸的同时做着寻找的动作，不单是在视觉上还包括触觉上都加强了书写的准确性。

一天，有位老师生病了，我让我的一个学生去代课，她在我们的教具上每个字母的后面横穿了一条纸带，以助学生认出字母的方向而不至于将字母颠倒。与此同时，她还做了一个卡片盒，以便于将每个字母整齐地放在相对应的位置上，同时，它还能让孩子用眼睛比较所有的字母，并方便快捷地选择自己所需要的字母。

在这套教具的辅助教学下，在圣诞节后的半个月里，别的小学里的学生还在为忘记直钩和画出曲线的 O 而艰苦努力时，我们学校有两个四岁的孩子已经能给他们的老师写去感谢信了！而且，在他们的信里没有任何污点和涂改的痕迹。这封信已然达到了小学三年级学生的水平！

第七节　不同家境里的孩子面对教具的表现

从某种意义上来说，当一个孩子找到能自发激起他强烈兴趣的东西时，他就战胜了这场战斗中所有的一切，而这种兴趣通常是在没有任何预兆的情况下突然产生的。

在一般人的眼里，无一例外地都羡慕那些出生在富裕家庭里的孩子，他们从出生的那刻起就能拥有比一般人更好的生活条件，在这个优渥的环境里，他们的成长过程比其他人更平坦，能受到比一般人更好的教育，拥有一个更灿烂的人生。

然而，在老师面前，他们真的会比普通家庭里出身的孩子更好教吗？

富裕家庭里的孩子们从小被周围的奢侈品所包围，家里的那些东西对他们已经没有吸引力了，那些能使贫困家庭的孩子着迷的东西他们也不再感兴趣。他们只会选择自己偏爱的东西，但老师和其他成人们都很难捕捉到他们所偏爱的东西是什么。

学校为孩子提供的那些玩具和教具能吸引到一般家庭的孩子，但富裕家庭的孩子早就玩腻了很多精美的玩具，学校提供的这些东西在他们眼里看起来太普通、太简陋，完全不能刺激到他们的兴趣，得不到他们应有的反应。

一位同行的老师告诉我，他们班上那些富裕家庭的孩子对各种各样的感官材料没有真正的兴趣，他们的注意力不会在任何一个教具上做片刻的停留。他们的运动很多时候都毫无目的，毫不关心身边那些值得关注的东西，只会满屋子奔跑，破坏屋子里整齐有序的秩序；从其他孩子手里争抢教具，却又从来不会真正地去研究他们得到的战利品。他们对工作没有主动性，也不能持久地做一件事情，对任何工作的专注度不超过一分钟，彼此间毫无目的地相互跟来跟去……孩子们的这些表现让老师很头痛，在他们面前，老师的主要精力只能用在维护秩序上，根本谈不上其他的教学工作。

这位老师的困扰持续了若干天以后，他身边那些不守秩序的孩子才开始呈现出一种确定的状况，他们开始对之前那些没兴趣的教具产生了兴趣，在这种兴趣的指导下，他们开始了独立的行动。他们在对一种教具感兴趣的时候，不再轻易地被其他人手里的东西所吸引，开始关注各自感兴趣的东西。

从某种意义上来说，当一个孩子找到能自发激起他强烈兴趣的东西时，他就战胜了这场战斗中所有的一切，而这种兴趣通常是在没有任何预兆的情况下突然产生的。

孩子的注意力刚开始的时候都只能维持很短的时间，直到他们对一些复杂的教具感兴趣的时候，才摆脱这种紊乱的状态。整整一周的时间里，他们不断地研究这个教具，并通过它学会了如何数数、如何做简单的加法。接下来，他又开始回过头去研究那些简单的教具，甚至对整个教育体系中的各种教具都有了兴趣。

通过观察我们发现，孩子一旦发现自己感兴趣的东西以后，就能克服种种不稳定性，学会全神贯注。

第七章　生命之初

理解事物是认识事物的开始，一个能不断发现世界的人才能不断地享受人类的最大乐趣。

智力活动让我们跟这个世界建立了联系，让我们在受到各种刺激的时候能得到平静。虽然某些哲人和先人的某番言论对我们的思想会产生触动，但说到底也必须是在我们依着自己的智慧吸收到这些知识以后去改变自己的行动，才会从根本上改变我们得到的结果，先人们的言论本身是改变不了我们的生活的。

孩子二到六岁的时候会有意识地介入周围的环境并认真地对它们进行研究，这个时候他们会进入一个真正的、有建设性的阶段，潜伏在他们身上的各种能力会渐渐地展现出来。

孩子的体内潜伏着巨大的能量，为了找到这些能量发泄的渠道，孩子需要做出很大的努力。在这个时期里孩子需要克服来自周围环境和自身限制的很多障碍，这也是孩子最困难的时期。我们通过研究发现，孩子对双手的运用不但具有实践意义，还能从中获得知识。孩子在适宜自己发展的环境下生活时大脑会更活跃，他们对获取知识的要求也更强烈。

孩子天生具有完善自身的能力，这使他们能从周围的人的行为中感受到兴趣，他们模仿周围的行为，以此来培养自己各方面的能力。

儿童时期对语言的发展也很重要，人的口音就是在这个时间段定型下来的，而且终其一生都难以改变，即使是习惯于使用专业词汇的专家教授们也改变不了自己的口音。

第一节　选择是一种高级智力活动

我们自己主动去理解一件事情与别人将想法强加给我们不同，前者就如同一座被艺术家雕刻在大理石上的艺术品，而后者则是一座雕在蜡泥上的短暂作品。

研究发现，人的心理感觉机能是建立在选择之上的。那么，人类生活中的选择是怎么产生的呢？人们如何从众多可能的行动中选择自己必须去完成的行动呢？人们如何从众多的事物中来挑选自己所喜欢的东西呢？

人类经过感官对各种信息进行选择，接下来思维会再对感官所做出的选择加以限制，具体的选择就是在这种双重选择的基础上产生的。如此一来，个体的注意力才会从所有事物上集中到特定的事物上，经过意志的控制，人们从众多可能的行动中选择出自己必须完成的行动。所有的高级智力活动基本都是由这种方式产生和进行的，它通过人类自己的注意力和内在意志的活动提炼出事物的主要特征，然后通过对意象的联想形成人类特有的意识。这个过程中，人的智力活动会抛弃大量导致事物前后关系混乱的因素，提取对个体有用的因素进行活动。

如果一个人的注意力不能集中起来而是处在飘浮不定的状态，他在用意志来确定某一行动时也会迟疑不决，对任何事情也都不会有足够深入的钻研。

生活中，我们如果不对自己所接受的信息加以限制，也会导致自己无法认识事物。用心理解和研究别人的推理与自己进行推理是两码事情，两者之间存在着本质的区别。这世上最神秘的法则就是：每个生物都有其独特的形式和范围。一个人如果只是一味地模仿别人，他脑子里就只有别人的答案和方法，自己的心里对事物是拿不清主次之分的。只有将自己的脑子理得像一间井井有条的屋子时，大脑才能清晰地获取更多的东西，并且将这些知识分门别类地存起来。

我们自己主动去理解一件事情与别人将想法强加给我们不同，前者就如同一座被艺术家雕刻在大理石上的艺术品，而后者则是一座雕在蜡泥上的短暂作品。所以说，只有主动去理解而得到的感受才会成为自己已经解放了的意识，这些意识才能长久地留存在我们的记忆里，才能对我们的生活产生作用，从而改变我们的生活。

从这个角度来说，理解事物是认识事物的开始，一个能不断发现世界的人才能不断地享受人类的最大乐趣。就算退一步来说，当一个人能对这个世界有所理解，他就能比其他人得到更高的享受。哪怕是一个遭遇了不幸的人，他如果能冷静下来找到自己受苦的真正原因，他就能够获得自救和自解，就能够找到走出困境的办法。

智力活动让我们跟这个世界建立了联系，让我们在受到各种刺激的时候能得到平静。虽然某些哲人和先人的某番言论对我们的思想会产生触动，但说到底也必须是在我们依着自己的智慧吸收到这些知识以后去改变自己的行动，才会从根本上改变我们得到的结果。先人们的言论本身是改变不了我们的生活的。这同时也说明我们的智力只有永远处在探索之中的时候，才能自由完成打造个体自我的任务。

我们平时总会说到某个人的头脑很灵活，这其实是从那个人富有创造力的角度去理解的，它同样属于精神活动的范畴。

处在成长发展中的孩子们，他们智力上的每一个进步都会让他们感受到无尽的快乐。当他们享受到这种快乐以后，孩子对玩具和零食就失去了兴趣，甚至他们身上那些小小的虚荣心也会随之消失掉。这种变化让他们在周围其他人面前表现得很了不起，这种快乐是一种高层次的、有别于其他低等动物的快乐，它能将我们从悲伤与黑暗的孤寂中拯救出来。我们应当尽力提供合适的机会，让孩子感受到这种快乐。

然后，在我们的生活中，成人因为从心底里不把孩子当人来看待，所以，在他们看来孩子的快乐只不过停留在贪嘴、贪玩的层面。成人并不知道他们意识中对孩子很重要的这些快乐并不能让孩子的快乐坚持得很久，孩子只有真正感受到作为人的快乐时才会感觉到自己的生活是多么快乐。

孩子身上的智力天才得以表现的时候，就是他们发现真理的时候，我们常常可以在这个阶段看到孩子身上很多转折性的变化；它同时也是一种代表了自然的心态生活，是充满了激情的人生表现，人类通过这种表现得以拥有属于自己的独特个性。

观察显示，孩子们在塑造自己个性的道路上表现得很积极。他们专心致志、全力以赴，这种专注同时让他们避免了很多外界环境的干扰，他们的努力和坚持与精神活动的发展保持一致。这种表现让孩子的坚持收获到或多或少的结果，它升华了孩子的智力，拓展了孩子的思维能力，同时也让孩子的外部表现张力更加勃发。

曾经有人问我：什么样的人是天才？

我认为：天才就是那些能挣脱束缚自己手脚镣铐的人，他们在众人面前能坚持自己认定的人性标准，让自己享受到自己。

一个人要学会陷入沉思才能培养出专注的精神来。我们一定遇到过这样的事情：大量、不间断地读书会削弱我们的思维能力。所以说，不断地重复背一首诗并不能算是沉思。背诵一首诗和思考理解诗中所描述的内涵是有着本质上的区别的：前者的意义在于能在个体的脑子里留下对这首诗的印象，当有人提到或是看到合适的情景时会想到这首诗，也就是我们常说的“触景生情”阶段；而当一个人真正地理解并思考到这首诗的内涵时，这首诗甚至会改造和启迪这个人，会对他们的思想和生活观产生或多或少的影响。对一件事情的深入品味和思考能使人的体魄更健硕，也能让人的思维更活跃、心灵更剔透。

所以说，没有别的更好的办法比沉思更能培养孩子的天性！

孩子陷入沉思的时候，他才能持久地专心，并从内心深处走向成熟。当孩子树立了自己目标的时候，他们就会有一种强烈的内在活动的需要，他们会自主地努力去培养和发展这种内在的活动，最终养成习惯。孩子在这种追求中不断成长，自我的智力协调也得到发展。经过沉思的锻炼之后，孩子会乐于安静地学习，他们会努力地让自己的行动不发出声音，尽量让自己举止优雅，他们甚至会陶醉于因为精神集中所呈现出来的愉悦状态。成人应该有意识地增加孩子这类的练习，这能加强孩子的个性，孩子会越来越习惯用正确的方法认识外部世界，还能自发地运用这种正确的方法来观察、推理和判断，最终修正意识中的错误，得到自发活动、主动选择自己工作的能力和从周围环境中获得专注的能力。他们会按照自己内在的动力去活动，不受外界干扰。

我们可以肯定地说，当孩子学会沉思的时候，表示他已经走上了充满光明的进步之路。

第二节　从创造者变为工作者

孩子三到六岁的时候会有意识地介入周围的环境并认真地对它们进行研究，这个时候他们会进入一个真正的、有建设性的阶段，潜伏在他们身上的各种能力会渐渐地展现出来。

众所周知，人类的发育是从胚胎期开始的。神奇的大自然在婴儿出生以后给他们画了一条线，让他们把在子宫里发生的一切都忘掉，而分界线另一边的事情却留在了孩子的记忆里。为了区别生理胚胎期一说，请允许我把被孩子遗忘的部分称作精神胚胎期。

在孩子的精神胚胎期阶段，他们的语言能力、手脚的运动能力以及平衡能力等各种能力独立发展，与此同时，他们的感觉能力和心理的各种控制能力也都在形成。这与孩子出生前的阶段很相似，只不过前者是独立发展的，是生理器官而非精神能力。

我们说婴儿阶段是人生最重要的一个阶段，在这个阶段会发生很多对人一生来说很重要的事情。而为什么人类偏偏对这个阶段的事情完全没有记忆呢？这是因为只有当各种器官发育完全之后人类才会具有完整的人格，也只有这个时候人类才会在大脑里形成记忆。

我们之前说过，儿童的发育可以分为好几个阶段，而第一阶段一般会持续到孩子三岁的时候。在这以后，因为意识的出现并同时发挥作用，孩子的生活仿佛又重新开始了，他们的心理会出现一个明显的界限，形成鲜明的两个阶段：无意识阶段和有意识阶段。前者被忘记成为过去；后者留于个体的大脑形成人体的生活经验，直接影响着个体人格的形成和他们的生活观。

我们认为孩子在三岁以后是各种功能的发展时期，他们普遍存在一个心理现象：人们大都记不起三岁以前的记忆，不管人类在三岁前的阶段有多么努力，不管他们在三岁前发生过多么精彩的事情，没有人能记起他们在三岁以前到底发生过什么事情。人类在这个阶段经历了从无到有的创造过程，却对此完全没有记忆，这真是个富有戏剧性的事情！

三岁前的孩子是个处于无意识状态的创造者，这个时间点以前的所有精彩都不会留存于人的记忆中。而在这以后，孩子与成人之间的天然纽带却突然间崩断了似的，我们会惊奇地发现他们不再隶属于成人，他们开始属于自己，他们不再像以前那样对成人的话言听计从，他们开始有越来越多的想法，并依照自己的想法来行动，他们一下子像变了个人似的。

三岁前的孩子没有任何自我保护能力，他们的生活完全依赖于成人。很多孩子在这段时间的发育多多少少地会被成人的无知所干扰，他们的一些正面方向的天赋甚至在一定程度上被成人所破坏。三岁以后，孩子开始具备自我保护的能力，当他们感受到约束时会开始用语言甚至是行动来反抗。当然，孩子在这个时间段的反抗并不是真的为了保护自己，他们只不过是为了获取他们想要的自由，因为这难能可贵的自由能让他们了解周围的环境以便促进他们的自身发展。

读者也许要问了：孩子能有什么发展呢？是的，孩子所争取的发展就是他们前一阶段形成的各种能力。

孩子三到六岁的时候会有意识地介入周围的环境并认真地对它们进行研究，这个时候他们会进入一个真正的、有建设性的阶段，潜伏在他们身上的各种能力会渐渐地展现出来。让成人无法理解的是，这些经验都是从孩子周围的环境中获得的，很多都来自孩子在玩耍中的一些意识经验。

孩子们在玩耍的同时，他们的手其实已经开始从事人类特有的活动了，只不过这些活动在成人的眼里是没有什么实际意义的，所以常常不为成人所理解，甚至会遭遇到成人的反对和干扰。

在三岁以前的阶段，孩子只能被动地观望世界，此时他们只是默默地打好心理基础。三岁以后到六岁的阶段，孩子能有意识地实现自己的意愿了，他们开始忙着用双手来改造自己周围的世界。这种情况在成人眼里往往是微不足道的，甚至是可笑的。

在这个时候，孩子的身上开始了一个新的发展阶段，也是一个对各种能力进行完善的阶段，这个特点最明显地表现在语言方面。一般来说，孩子在两岁半左右已经学会说话了，而且他们的语言发展将持续到五岁左右，但语言的完善却是在三岁以后得以实现的。在这个时间点以后，孩子不仅能说一些单词，而且开始说整句的语句，他们特殊的语言感觉能力没有消失，这种能力可加强孩子对声音的记忆能力，与此同时也能丰富孩子的语言表达能力。这个时候的孩子一方面在与周围的环境交往中增强对自己行为的意识，另一方面在完善他们已经形成的各种能力。从某种意义上来说，三到六岁孩子的发展特征是，通过行为对自身进行建设性的完善。

孩子的大脑在这个阶段依靠感觉能力感知周围环境，他们还具有吸收和学习的能力，他们已经脱离了无意识状态，进入有意识状态，他们在主动经验的帮助下发挥作用；他们一边感知环境一边参与其中，双手的使用促进了大脑的发展，延伸了大脑的功能。他们开始在没有成人的带领下也能接触周围的环境，并主动地介入周围的事物，开始对它们进行鉴别。只要我们留心观察，我们一定会发现这个时期的孩子总是忙碌不已。其实，孩子的智力发展此时已经走出了发展阶段，进入了形成阶段，他们对世界有着强烈的要求，也因为如此，他们的心理发展在该阶段还将更上一层楼。

在很多西方国家里，父母会给孩子买很多玩具，成人幻想通过这些玩具来满足玩耍年龄孩子的需要，他们不知道的是，孩子并不需要这些，他们需要的是真实地去接触周围环境中的东西，而并非那些假的玩具。可悲的是，父母们并没有意识到这一点，他们往往还大惊小怪地禁止孩子随意接触周围的东西，最多只允许他们玩玩沙子，又害怕孩子把水和沙子混到一起弄脏衣服而不让孩子玩得过度。成人总认为自己要为孩子收拾残局，所以不想让孩子接触太多的东西。相反地，在一些玩具业不发达的地方或是相对落后的地区，成人们无法提供给孩子玩具，孩子们反而可以更多地保持与外界事物的接触，拥有更好的成长环境——这种地区因为经济相对落后，成人大多为生活奔波，又没有钱请保姆，他们只好做什么事情都把孩子带在身边，他们也不会去阻止孩子来给自己帮忙。孩子的这个“帮忙”当然只是他们自己有选择性的一种模仿，却也显示了他们的聪明才智。孩子通过模仿成人的行为在为自己参与周围活动做着积极的准备，不仅满足了他们对眼前事物好奇的需要，同时也满足了他们自身发展的需要。我们常说“穷人的孩子早当家”，其实是很有道理的。穷人家的孩子通过从小就参与周围的活动造就了他们各方面发展都比富人家的孩子更有利的条件，在他们的成长过程中这种优势展现出来的就是他们的“早当家”，也就是他们的发展会比富人家的孩子更早、更完善。

通过观察我们发现，孩子对一些模仿生活远比对他们手里虚假的玩具更感兴趣。这是因为，模仿生活是他们即将要进入的生活环境，虽然只是简单的模仿，对他们来说却有无穷无尽的灵感、启发。遗憾的是，成人对此并不知晓。美国著名教育学家约翰·德威教授曾经做过一次私人调查，他走访了纽约的一些商店，希望找到一些与孩子身高能相匹配的诸如椅子、盘子这类日常生活用品，他很失望地发现自己一无所获——纽约人根本没有为孩子制作这些东西。他惊叹说：“美国人把孩子忘记了！”

其实，在日常生活中，人们忘记的岂止是孩子的日常生活用品，成人们甚至从来都没有想起过孩子应该有的权利！即便他们发现了一些苗头，或是得到身边另一些对这方面更有感触的人的提醒，他们也不肯认同。这些事实让孩子们不得不面对一个残酷的现实：他们的世界里空荡荡的，他们的精神得不到满足，只好借打碎自己的玩具或是跟大人搞一些恶作剧之类的事情来发泄自己的不满。

我所在的“儿童之家”就不存在这种界限，这里会为孩子提供他们真正需要的东西，我们力争让孩子从中找到真正的快乐。事实上，这里的孩子性格发生了较之以前很大的改变，他们变得很独立，他们能做的一些事情超出我们成人的想象，仿佛是在突然之间发生的事情，这些以前从来没离开过母亲的小东西已然独立成为一个不需要成人帮助、能够独自进行工作的人。

在这个学校里，老师不过是个旁观者，孩子们在这个模拟生活的小环境里得到了足够的快乐也有了很大的收获！这里的孩子在性格上更加独立，更加能适应社会生活。

要营造这种环境其实并不是一件很困难、很复杂的事情，只要用心，这远比给孩子买一堆玩具更有意义。成人一定要认识到，孩子不单只需要玩具给他们带来的那种短暂的快乐，他们更需要学习和积累生活经验、生活知识。一个人只有在人格和能力上都获得独立才能实现自己的生活，而这种能力却不是我们能给予孩子的，只能是从生活中一点一滴的小事做起让孩子自己去获得、去积累。相对孩子们宝贵的生活经验，生活中那些易碎易损的日常用品真的算不了什么，孩子们正常的发展和成长会给我们带来意想不到的回报！

第三节　发展障碍对语言的影响

孩子的体内潜伏着巨大的能量，为了找到这些能量发泄的渠道，孩子需要做出很大的努力。在这个时期里孩子需要克服来自周围环境和自身限制的很多障碍，这也是孩子最困难的时期。

一般来说，孩子的语言发展需要经历两个阶段：两岁前的孩子更多地使用一些单词，他们还不能将这些单词依着语法的规律组合起来很好地表达自己的意思；两岁以后，孩子进入语言发展的第二阶段，这个阶段的孩子开始使用句子，他们通过第一阶段的词汇爆发和第二阶段的思想爆发终于掌握了语言的规律，能用完整的句子很好地表达自己的意愿。

无论是词汇爆发还是思想爆发都必须要有一个准备过程，这个过程无法用肉眼看到，我们不能准确地知道它到底是个什么样子，但我们可以通过所看到的孩子的努力来进行想象和推测。

这个阶段，孩子常常因为成人听不懂他们所说的话而发脾气，他们觉得自己已经尽到了最大的努力可是成人还是不能理解自己，他们会因此而生气，这是可以理解的人之常情。生活中成年的聋哑人也会因为这个原因跟周围的人闹脾气。

孩子的体内潜伏着巨大的能量，为了找到这些能量发泄的渠道，孩子需要做出很大的努力。在这个时期里孩子需要克服来自周围环境和自身限制的很多障碍，这也是孩子最困难的时期。当然，这不是孩子经历的唯一的困难时期。在这以前，也就是孩子刚出生的时候，他们毫无选择地一下子被离开一直依赖着的母体，开始启动自身那些还没有完全发育成熟的身体机制来适应新的生存环境，如果这个时候没有得到适当的照顾，他们很容易形成各种心理的、生理的创伤，严重的会影响他们一辈子。孩子的大脑在这个创造成长的阶段里同时受到两种不同的影响，这些影响所产生的作用会永久地留存在孩子的大脑中，孩子在学习语言和练习发音时，不但会记住需要的东西，同时还会留下障碍引发的不良影响。遗憾的是，孩子在语言发展的各个阶段都存在这种现象，而其中不良的影响可能会危害他们个性的形成，导致孩子各种不正常的发展。

孩子在继续发展过程中还会遇到各种障碍，所以，心理学家们提出一个重要的论点：成人的心理障碍来自幼年时期。孩子在发展的时候受到各种因周围环境或是成人带来的压抑，这种压抑感从孩子的婴儿时期就开始形成了。这个说法是有依据的，从语言的发展来说，我可以提出论证这个论点的大量例证。

孩子吸收周围的声音并模仿成人的声音形成自己的语言，当语言的发展走到爆发期时，他们可以用语句来表达自己的意思，也就开始了自我对语言的掌握和运用。研究发现语言机制的发展能有效促进孩子的个性发展。现实生活中有些孩子到了相应的年纪却没有出现语言爆发期的，我们称之为“心理失语症”，这种症状是一种心理病态，完全由心理原因引起。我就曾经看到过一个三岁的孩子，他的语言器官发育正常，却只能讲出一些单独的词语。不过，这并不是什么可怕的、得不到纠正的事情。心理分析学对心理障碍的研究发现，心理失语症很多时候会突然消失，曾经有这个症状的孩子突然之间会说话了，而且他们说出来的话在词语使用和语法运用上非常准确，能很充分地表达自己的意识。这种情况也说明了孩子的身体各种器官已经对语言做好了充分的准备，他们只是在表达的过程中遇到了阻碍，一旦这种不为成人所知的阻碍消除了，孩子自然地就恢复正常了。还有一些孩子连两岁孩子的咿呀学语都没有过，经过专家的启发和激励之后也能突然之间把话说得很好。

这些孩子之所以会有这种现象产生是因为他们的心理曾经受到过挫伤，这种伤害对他们造成了阻碍，导致他们不能正常进行语言表达。

很多时候，成人在某种情况下也会感到说话困难，为了表达清楚自己的意思要花很大力气，导致这种现象一般有以下几个方面的原因：第一是没有勇气说话，然后是一时间难以安排好句子的顺序，也有在说话时觉得句子使用困难的，还有说话慢、不连贯的……其实，这些现象都是个人心理自卑的表现，生活中也没有特别行之有效的治疗方法。当然，口吃、发音不准等因素也会影响个人的语言表述，它们是机体语言机制形成时出现的偏差，虽然不是出于个人的心理原因，但最后会成为一种心理障碍影响到个人的语言表述。

研究发现，孩子在语言学习的各个阶段都难免出现不同形态的衰退现象，我将它分为两个阶段：词汇机制形成阶段为第一阶段，这个阶段可能发生发音不准、口吃等衰退现象；第二阶段是语句机制形成阶段，这个阶段的衰退表现在组成句子较慢。这些衰退会对孩子的创造力造成阻碍，所造成的影响会伴随孩子的一生。所以，作为成人，我们要时刻关注孩子的感觉，及时发现并清除这些影响他们发展的障碍，帮助他们走上正常的发展道路。

但恰恰相反，在我们的生活中，成人不但没有给予孩子应有的帮助，反而常常妨碍孩子的发展。孩子的感觉非常敏锐，较之成人，他们更容易受到伤害。我们一定要清醒地意识到自己的言行对孩子可能会产生的影响，在教育孩子之前，我们一定要深刻地反省自己的行为。

在日常生活中，作为母亲的成人动不动就板着脸教训孩子，老是提醒孩子别忘了自己的话，好像自己所说的那些话对孩子来说就是绝对正确的似的，完全没有意识到自己的观点一方面有可能不是绝对正确的，另一方面对孩子来说也未必适用。而在一些有钱的上流社会家庭里，成人嫌照顾孩子太麻烦，会把照顾孩子的事情交给保姆来做，保姆跟孩子之间并没有什么亲密的关系可言，他们常常会用一种冷冰冰的命令口气跟孩子说话，而保姆本身受社会地位和所受教育程度的影响，限制了他们不能给孩子带来好的影响，这些因素都有可能给孩子带来心理障碍，从而导致他们说话胆怯、犹豫，甚至口吃。

在我自己的教育工作中曾经发生过一件事情。那时候我对孩子的教育很严厉，我像其他成人一样不喜欢孩子把周围弄脏、弄乱。有一次我看到一个孩子把一双脏鞋子放在床单上，我很严厉地让他把鞋子拿走，很坚决地告诉他那里不是放鞋子的地方，还当着他的面把他刚才放过鞋子的地方用力掸干净。这件事情过了两三个月以后，我发现这个孩子只要看到鞋子就会把它放到别的地方去，眼睛却盯着床单不放，这个时候我才明白，孩子的这种反常行为是对我之前所作所为的一种无声抗议。慑于成人的权威和种种其他原因，孩子并不会在受到成人伤害的时候做出明确的抗议和其他反抗性反应，他们还不懂得用发怒或是其他方式来表达自己的意愿，也不懂得有意识地来保护自己，而如果他们真的以改变性格的方式对成人的伤害来做出回应，就表示成人的行为已经对他们造成了心理创伤了。

可悲的是，成人往往意识不到这点，相反，他们还认为只要孩子不哭不闹、不发脾气就好。

研究发现，患有恐惧症的成年人（一种心理现象，患者时常无缘无故地感到恐惧，医学称之为“恐惧症”）大多数在幼年时期遭遇过暴力事件，比方说来自动物的惊吓，还有些孩子曾经被父母惩罚性地锁在黑暗的屋子里（这种教育孩子的方法直到现在还在被一些父母所沿用）。

这些例子都可以证明儿童时期心理创伤对一个人的影响有多大。我必须再次地提醒大家：一定要注意自己对孩子的影响，我们的行为不仅会影响孩子的现在，更会影响他们的将来。当然，这并不是要求我们每个人都像科学家一样来研究我们身边的孩子，我们听不懂儿语，也不可能完全弄明白孩子的意思，我们能做的就是对孩子有一个整体的了解，如此才能帮助孩子解决他们成长过程中遇到的困难，这并不是不可能实现的事情。对我本人来说，我也像其他成人一样没办法弄懂我身边的孩子，但每次我试图接近、了解孩子以向他们提供帮助的时候，孩子们就会向我求助，好像他们知道我真的可以帮助到他们一样。

我身边还发生过两件事情让我对这个阶段的孩子有一个全新的认识：这阶段的孩子很有耐心，他们只有在各种努力都使完了以后还无法表达自己的意愿时才会生气，他们会努力模仿周围的人，他们很有秩序感。

孩子对秩序感的要求非常强烈，强烈到超过他们对其他方面的要求。

第一个故事是这样的：有个小孩子大清早地跑进我的房间，在我问他早餐想吃什么的时候，他居然回答说是小虫。这个答案让我一时没反应过来。他看我没弄懂，并接着发出了另一个声音“蛋”，还说了他姐姐的名字。这让我想起他姐姐昨天晚上用水彩笔画了一个蛋形的圆，他当时就向他姐姐要这支水彩笔想要模仿姐姐画画，但姐姐拒绝了他的要求还把他赶出了自己的房间。他当时并没有跟姐姐对抗，而是选择了耐心等待。为了实现这个愿望，他等到大家都睡觉了，这才找了我这个能听懂他话的人向我求助，在他小小的世界里，那么坚定地认为我一定能为他提供帮助，而事实上，我真的给了他一支他想要的水彩笔。他果然兴高采烈地接过了笔，并开始像他姐姐那样画画。

另一个故事的主人公是一个一岁半左右的小男孩儿，他总想跟邻居姐姐学跳舞，但舞蹈老师不愿意教他，觉得这么小的孩子还不能学跳舞。在我的一再坚持下，老师终于抱着能学多少算多少的心态同意勉强教他一下，在老师摆出一个姿势的时候，小男孩儿却突然生气了，站在那里一动不动，眼睛并没有注意看老师的姿势，我顺着他的眼光看去，发现老师把自己的帽子放在了沙发上，这个孩子似乎还不会说帽子和老师这两个名词，却气呼呼地重复着“大厅”和“柱子”这两个词，我当即明白他是想说帽子不应该放在沙发上，而应该挂在大厅里的柱子上。老师的行为破坏了他的秩序感，让他失去了跳舞的兴趣，他现在最要紧的不是跳舞，而是急切地要求我们来改变现在这种无序的状态。

果然，在我把帽子挂回柱子上以后，这个孩子马上平静了下来，还跟着老师开始跳起舞来。

在我的教学生涯中，这样的例子比比皆是。我通过工作之便对孩子的感觉方式和词汇使用方面进行了大量的研究，在这里，我发现了很多孩子内心深处的东西，孩子的心里还有许多我们并不了解的东西，要研究这些东西当然是非常不容易的。但越来越多的事实向我们证明，对孩子早期发展提供帮助是一件不可忽视的事情，我们现在还没有系统地掌握孩子发展的秘密，这将是一条漫长的道路。为了实现这个目标，我们一定要记得：第一，孩子在最初两年的发展会影响他们的一生；第二，孩子具备很大的心理潜能，但一直没有得到成人足够多的重视；第三，孩子很敏感，成人一点点粗鲁的行为都会在他们心理上留下伤痕，甚至影响他们的一生。

第四节　想象力与文化

大自然有它固有的工作原则，从来不会创造出一件东西来以后却不让它发挥作用，这表现在孩子发展的过程中往往是前一阶段形成的能力都会在下一个阶段发挥出来。所以，我们可以通过了解前一阶段来把握下一阶段的发展。

我们通过研究发现，孩子对双手的运用不但具有实践意义还能从中获得知识，孩子在适合自己发展的环境下生活时大脑会更活跃，他们对获取知识的要求也更强烈。

“儿童之家”在对孩子的教育上做出了很多平常学校不会有的努力和研究，当然也取得了一些显著的教学成果。这让我们坚信一点，我们不应该为孩子的发展设置障碍，一定要尽可能地为他们提供符合自然的条件，让他们自己选择自己的行为方式。

著名的北极探险家派利称我们的这项工作是对“人类心灵的发现”，他认为我们不仅是在推行一种教育方式，而是找回了人类的天性。

我们通过研究发现了两点与常人认知不同的事实：第一点是孩子对文化的吸收远比我们想象中的要早得多，孩子的这种学习方式还与他们的运动息息相关。这个阶段的孩子只能通过行为来学习，他们的接受能力强得超出我们的想象，他们必须通过做一些事情来发展自己。第二点是孩子的性格发展，这个发现我们将在后续讨论。

在教育工作中我们发现孩子对曾经玩过的东西很有兴趣，他们很容易将注意力集中在这些事物上面，在某个特定的时间段里，孩子会对某件事情表现出很热情，而一旦超出这个年龄段他们就失去了天性的帮助，要再对这件事情热情的时候就必须做出有意识的努力了。比方说六岁的孩子正处在书写爆发期，在六岁以前孩子往往对语言和书写方面表现出强烈的兴趣感；而六岁以后，孩子反而对这些不感兴趣了，上学以后的孩子有时候对说话和写字甚至表现出一种反感的情绪来。

大自然有它固有的工作原则，从来不会创造出一件东西后却不让它发挥作用，这表现在孩子发展的过程中往往是前一阶段形成的能力都会在下一个阶段发挥出来。所以，我们可以通过了解前一阶段来把握下一阶段的发展。举个很简单的例子：孩子在学习说话时，首先要学会发音，然后练习说出音节，紧接着是名词、动词、形容词等。当我们了解了这些顺序，就可以对孩子第二阶段的发展提供相适应的帮助了。如果我们能教四岁的孩子一些语法的知识，一定能帮助他们更熟练地使用口语，甚至对他们整个语言学习方面都大有好处。大量的实验表明：零至三岁的孩子还只能是无意识地学习语法。但三至六岁的孩子就会有意识地去完善语言学习，他们对词汇有一种特殊的感知力，能在生活中学到很多新词汇，他们像是患上了词汇饥渴症似的非常渴望学习词汇，他们掌握到的词汇量也大幅度地增加。这个时候我们应该系统地教他们学习词汇，及时地给他们提供帮助。我们不能对孩子强行灌输词汇，我们要把词汇与实物结合起来，多进行户外活动，让词汇的学习与实际经验保持同步。

比方说，我们可以向孩子展示各种标本，带他们看到实物或是给他们看图片的同时向他们讲述一些相应的知识，只有对照实物、图片、图表，孩子学习起来才不会有困难，才会更直观，更容易记住相应的单词。

孩子对学习词汇有着超出我们想象的热情，他们在学会这些词汇以后时常还能教会我们更多的词汇。我们曾经发现过孩子在户外活动时争先恐后地告诉老师一些事物的名称，其中有一些甚至是老师原先都不知道的。

在我们学校里，曾经有个 14 岁的男孩子，因为弄不清楚学校花坛里花的名称而正在花坛前面发呆的时候，一个三岁左右的孩子跑了过来，指着一种花告诉他这种花的名称，然后就跑开了。

还有一个有趣的故事。有一回，一个小家伙看到我在墙上挂的一些关于植物根茎的图片，我向他讲解了一番图片上是些什么东西，下课后他把花园里所有能拔出来的植物都拔了起来进行研究。

当然，这并不是说孩子心里的和见到的事物完全吻合，他们对事物的认识不仅来自直观感受，还包括丰富的想象力。

孩子学习词汇的这种热情并不是一成不变的，到了六岁以后，他们的发展方向转向其他能力，学习词汇的工作对他们来说反而变得困难起来。

为了测试孩子的想象力，我曾经对六岁的孩子做过一个测试：在地理课上，我拿出一个地球仪，地球仪上青蓝色的表示海洋，发光的碎末表示陆地，除此之外再也没有其他标示。我告诉孩子们这是地球，我知道他们所具备的知识还不足以让他们想象出世界的样子，如果他们能形成世界的概念，就只能凭借他们的想象力。我不能确定当他们看到这个地球仪的时候脑子里到底想到了什么。

有一个孩子看见地球仪就一边指一边向我们介绍说："这是陆地，这是海洋，这是印度，这里是美洲……"这个孩子对地球的了解远远超出了我的想象。

事实上，大多数的孩子都很喜欢地图，他们的房间里都挂上了地图，处在三到六岁的孩子们已经能想象出之前没有看见过的东西，所以我认为，想象力在孩子的心理活动中占据了很重要的地位。

世界各地的人都喜欢给孩子讲童话故事，他们认为这样可以有意识地培养孩子的想象力，我却认为：既然孩子能通过想象理解神话，为什么我们不能跟他们讲一讲生活中的一些事情呢？经过孩子们丰富的想象力，他们不是一样可以想象出这些东西是什么样子吗？与看到地图来联想世界是什么样子一样，孩子在看到一样事物的时候要将他所看到的符号形象化是需要一个过程的，孩子在这个过程中把抽象词汇与真实事物联系起来，就形成了我们所说的想象力。人们认为听故事可以丰富孩子的想象力，然后，孩子会通过游戏把想象力释放出来，孩子动手做事不但可以锻炼身体，还能促使大脑与外部世界发生联系，这些对孩子的成长和发展都有很大的帮助。

我们还会发现孩子在一段时间里对什么都表现出强烈的好奇心，总会追着大人不停地问这问那想要得到解释，只要成人不表现出厌烦地给出回答，孩子们都会很高兴。不过，这些问题本身就有很多是成人可能都不知道答案的，所以成人很多时候被孩子们弄得晕头转向。还有一点让孩子觉得不开心的是，他们要的答案不是长篇大论，可成人们却总喜欢唠叨个不停。有这么个故事：一个孩子问自己的爸爸树叶为什么是绿色的，爸爸的思维中，要正确回答这个问题需要很高深的专业知识，于是从什么是叶绿素、叶绿素如何利用阳光进行光合作用等开始讲起。可孩子并没有如爸爸想象中听得那么认真，他反而听不下去了："爸爸，我只想知道叶子为什么是绿色的，并不想知道什么叶绿素和光合作用！"

而另一个聪明的妈妈却表现得跟前面的爸爸完全不一样。有一天，她的孩子问她自己是从哪里来的。要解释清楚这个问题似乎也不容易，真说清楚个中的来龙去脉，似乎真的要动用很多专业的生理卫生知识。但这个妈妈的答案却很简单："你是我的孩子，当然是我生的呀。"简简单单一句话，满足了孩子的需求。这种回答才是符合孩子需要的答案。

其实，这个年龄段的孩子就是好玩、富于想象力又喜欢问问题，他们确实有很多不明白的事情，可他们的问题也真的不是那么容易回答的。要满足他们的好奇心也并不容易，作为老师和父母，我们一定要有足够的耐心和才智，让孩子的渴望得到满足。

当孩子的问题难以用通常的方式回答时，我们就必须放弃所有自以为是的做法和想法，采用一些适合这个年龄段的孩子心理的技巧来面对他们。这就要求我们放弃先入为主的做法，寻找到了解孩子的途径。

通过观察我们发现，孩子不仅渴望有趣的事情，他们也想知道怎么去做这些事情，在他们广泛的兴趣之中存在下意识的目的，这是他们在协调自己的运动，使之处于自己的控制之下。孩子一旦受到某种东西的吸引，就会反复地来做这件事情，他们会经常反复地模仿生活中的一些事情。在这些时候，他们表现出来的投入和执着让人惊叹！孩子的成长正是来自不断地实现这些下意识的目的，这些不断重复的运动会促成他们肌肉的和谐。其实，成人生活中也存在这种和谐的训练。比方说我们打网球，其真实目的不只是想要从中得到乐趣或是提高什么技艺，我们主要是通过这项运动来提高我们的运动能力。我们看到孩子每天在做的那些游戏对他们的意义其实与运动对成人的意义是一样的，都是从中获得所需要的能力。

孩子天生具有完善自身的能力，这使他们能从周围的人的行为中感受到兴趣，他们模仿周围的行为，以此来培养自己各方面的能力。这些能力将决定这个人将来在社会各阶层的定位。不同阶层之间人与人的差别不仅体现在社会方面，它同时还体现在个性方面。所以，一个来自底层社会的人想要进入上层社会，首先要改变自己的生活环境，否则就很难摆脱底层生活给自己带来的影响。同样地，一个贵族想将自己扮成一般的工作者也不可能，因为他的生活习惯和他的办事方式都会体现出他们的真实身份。

儿童时期对语言的发展也很重要，人的口音就是在这个时间段定型下来的，而且终其一生都难以改变，即使是习惯于使用专业词汇的专家教授们也改变不了自己的口音。

所以说，再高等的教育虽然可以丰富人的思想，却永远无法抹掉婴儿时期形成的一些东西。因为三到六岁的时期还处在儿童心理发展的收尾阶段，所以，如果采用科学的方法，我们还能对儿童在第一个阶段遇到的一些障碍进行补救。我们认为这个年龄阶段的经历对社会教育非常重要，科学地对这个时期的儿童进行教育能缩小不同国家和种族之间的差别，能使人类更加和睦地相处。也就是说，人类创造的文明可以像改变创造自己的自然环境一样来改变人类自己。同理，儿童的个性也将指引着他的发展，这种作用能通过儿童的行为表现出来，成人可以在儿童的各种活动中发现它。

感觉是人与自然连接的窗口，人类可以凭借感觉来提供经验。这并不难理解，一个优秀的钢琴师可以在一架普通的钢琴上弹出优美的旋律，一个技艺高超的织工可以一摸布匹就知道纺线的纹路，说的就是这个道理。人类与生俱来的各种能力都会受到日常生活的影响，如果缺乏智力和运动的促进，对感觉能力的教育就无法进行，而正是这些内在的因素导致了不同的兴趣，也正是这些不同的兴趣所带来的感觉经验形成了个体差别。也就是说，人生来就有某种兴趣倾向，这种兴趣倾向会根据自然规律促成个体的发展，以形成不同的个性。

相比之下，说话和书写这两种文化形式更能引起人们对自身和环境的关注，我们的个性会因为这两者而得到完善，我们的能力也因此得到提高。文化不仅仅是知识信息的积累，它同时也是人类个性发展的表现。

我们知道感觉器官是人类获得知识的通道，人类对世界的认识离不开它们，所以，在教育工作中，我们尤其对此要进行训练。儿童的发展前景取决于他所接触的事物以及由事物引发的兴趣，一个有准备的头脑胜过一个优秀的老师，比其他任何东西都重要。对于感觉受过训练的儿童来说，一个物体、一种想法都会引起他的巨大兴趣，他们对事物感觉很敏锐，能够区分细小的差别，相对于感觉没有受过训练的儿童，两者之间的差别会非常明显。

随着年龄的增长，孩子能够掌握事物的不同物性，能够对事物进行区分，就像一个正常人不需要特殊的训练就能区别不同的颜色一样，这些都是自然发展的结果，它与人类的思维形式有关。

人的思想不是被动的，它永远需要灵感的火花。人类的大脑不仅具有想象力和思维能力，它还能对各种信息进行存储和整理，一个人如果不能同时运用想象力和逻辑思维能力就会被束缚在固定的模式中，这对他的发展会产生不良影响。

想象力和抽象能力是大脑的两种主要能力，它们在提供事物本质特征的同时对人的心理发展也起着重要的作用。人类的思想来源于抽象的思维活动，尽管日常生活中人们很少运用抽象思维，但人们还是会接触到各种各样的事物，要把握这些事物的特征和彼此之间的关系就需要抽象的思维运动，这种思维越准确，事物的价值也就越大。

人类的语言学习离不开想象力和抽象能力，人们想要丰富词汇或提高语言的实用性就需要不断运用新的词汇，语言构建的规律其实也是大脑构建的一部分。大脑的活动就像语音和语法规则一样存在着一定的规律，所以，教育工作必须同时训练大脑的这两种能力。

对于不同的性格来说，大脑的这两种能力所起的作用并不平衡，往往是一个大于另一个，但不管是哪个性格的人来说，这两种能力都是同时存在的，而且它们共同发挥作用。如果教育工作中只发掘儿童的想象力，就会影响儿童个性的发展，成为他们现实生活的障碍。

对于三到六岁的孩子来说，单是事情准确性本身来说就能引起他们的兴趣，促进他们的发展，这个时间段的孩子都有追求准确的倾向，他们会通过很多方式来表现出这种倾向。孩子在学校的学习也主要是为了训练他们行为的秩序和准确。孩子在日常生活环境中很少能接触到与数学相关的东西，大自然中的种种事物都没有与精确性直接相关的东西，这将直接影响到孩子的数学天赋得不到正常发挥，进而会影响他们以后的学习，因此，我们要加强这个时段对孩子准确性的训练。

语言能力的发展为孩子打下了另一个准确的、固定不变的基础。人的自卫本能不只是寻求生命的最佳状态，它还包括了文化与道德的需求。

对生命而言，传统是一种障碍，它阻止人们去发现和适应新的东西，可人们还是愿意牺牲与生俱来的本领来适应传统。从某种意义上来说，人们想要在这个特定的环境中生存就必须得牺牲一些与生俱来的东西。这类例子并不少见：印度一场大规模饥荒饿死了成千上万人，可印度的城市和乡村里却到处牛羊成群，人们因为传统的宗教信仰宁肯饿死也不愿意吃这些动物。

道德深入人们的思想观念深处，成为人类共同生活的行为规范，正是由于人类对这些共同行为的严格遵守才使人类得以传承至今。与道德一起约束人类的还有各民族的宗教信仰，它同样在人类社会中形成了某种特定的形式，具有精确性和稳定性。

当孩子成长到一定的年龄就会开始吸收这些精神上的东西，他们接受了这些具有准确性和稳定性的模式，这些模式会成为他们的组成部分，发挥创造性作用。

婴儿出生后的第一个发展期属于心理发展阶段，他们从周围环境中吸收到的主要是一些特定的模式。这些模式集中表现在人们日常生活中多次重复的行为，孩子一旦吸收了这些模式，就在他们生命的个性中固定下来，即使长大成人也很难被改变。

在随后的发展过程中，生活中出现了很多个性因素，孩子的发展还是离不开一定的基础，在此基础上他们完善自己的各项能力，使自己日趋成熟起来。

人类的思想观念也同样有其形成和发展的基础，从婴儿开始的第一个发展阶段，人的精神潜能通过对环境的认识、适应，逐步发挥作用，在大脑里形成一个思想基础。个体的继续发展基于这个基础之上。最后，个体成为所属群体的一个成员，种群是一个心理和文化的集合体，具有一定的连续性，一代一代地传承下去，最终形成了人类文明的历史。

以上种种说明，当人类新生个体具备相应的创造能力时，才能发展人格所包含的后天能力。这些能力如同社会模式一样是逐渐发展的，整个发展过程一直依赖人们对周围环境的适应，这就是孩子的生物功能。人类的发展也离不开这种人格条件，每个人都要经历这样一个创造性的过程，而成人却可以对此施加影响。所以，我们有必要更新自己的教育观念。

第五节 新的方向

儿童的生活是自身的延伸，他们逐渐变得聪明，身体机能也日益完善、强大起来，他们从游戏中得到力量和智慧。随着年龄的增长，他们不能再像儿童期那样完善自己，也没有人会像以前那样给他们提供帮助了。

在过去，生物学研究的对象会选择成年的个体。在人类研究领域内，因为所有成人都在迈向死亡，所以学者们都集中讨论着死亡的问题。对于人类社会的道德伦理方面，人们则集中于法律和社会利益的问题上。而今天，对包括人类在内的所有生命形态研究上，科学家们把重点转移到了幼年个体，甚至更早的阶段上，人们开始研究生物胚胎和细胞生命。因为这些对低级形态生命的研究，哲学思想都在发生变化，它不再限于理性思维，也不再由思想家们得出抽象的结论，而是通过所有的研究结果来说话，相对来说更具有科学性。

通过对胚胎的研究，人们发现生命的早期阶段与成年阶段存在很大差异，胚胎学的兴起把成年个体的研究带回到了生命的起点。这些研究成果的出现说明了过去思想家们对生的无知，也为儿童性格的研究带来了新的曙光。

人们很直观地发现，幼体与成体有着截然不同的两种意义：成体正在逐步走向死亡，而幼体却在每天走向生命的巅峰。幼体的目标是把自己塑造成一个完善的人，矛盾的是，一旦他们完成这个过程真的成为成人以后，他们就不再是原来的那个孩子了，他们接下来的每一步都和原来其他的成体一样走向死亡。

因为儿童期的生命是向着完善的方向发展的，所以孩子们都很乐意做一些能使自己得到完善的事情，而且，他们的这个过程充满着快乐，而一旦他们长大成人，他们的生活将会和其他成年人一样充满了压抑和苦恼。

儿童的生活是自身的延伸，他们逐渐变得聪明，身体机能也日益完善、强大起来，他们从游戏中得到力量和智慧。随着年龄的增长，他们不能再像儿童期那样完善自己，也没有人会像以前那样给他们提供帮助了。

生命的儿童期连接着两代人的成熟，起始和结束分别是两代人的成熟。

儿童走过的路一端是被创造者，另一端连着创造者，生命的自然规律要求成人照顾自己的孩子。父母是孩子的第一道防线，他们对孩子的爱是本能的、无私的、伟大的。可以说儿童的成长结果是与他周围的成年人息息相关的，他们成长的各种条件都离不开成人。孩子来自父母的爱情，在他们的成长过程中也离不开爱，爱情是他们的源泉。因为这种与生俱来的爱，天下所有的父母都会全心全意地为孩子服务，父母们愿意为了自己的孩子做任何事情。为了保护自己的孩子，父母甚至会不惜抛弃自己的生命！父母亲在做这些奉献的时候不但没有被牺牲的害怕，反而有一种本能的快感，包括人类在内的天下所有动物，父母在为孩子尽力操劳时都会感到快乐。低等一类的动物在孩子成年以后就会离开孩子，我们很难判断它们在日后的生活中还认不认这层关系，可以肯定的是，这些动物的父母们在孩子成年以后将停止向孩子供应食物，也用不着再像以前那样为了孩子的安全而操心。只有人类才会有亲情的延续，即使孩子成年以后还会与父母保持着亲密的关系，这种关系会延续到父母离开人世。

父母爱孩子是所有动物的天性，孩子不但能唤起父母的爱，他们还能唤起社会关系中其他美好的情感。虽然一个商人绝对不会将自己所有的利益都交给自己的合作伙伴，在合作中他们有时候甚至会为了利益而分厘必争，但如果遇到食物上的短缺，他一定会毫不犹豫地把最后一片面包留给自己的孩子。很多灾难来临的时候，人们也会优先转移孩子，即便这些孩子可能跟其他成人一点儿关系也没有，这些成人也不会因此而扰乱优先救援孩子的秩序。

这个社会上的每一个成年人在生活中都有两种态度，一种是作为社会成员的态度，另一种是作为父母的态度，正是这种态度表现了人类最美好的一面。

在其他动物的身上也有这种父母态度的体现。俗话说“虎毒不食子”，这世界上再怎么凶残的猛兽对自己的孩子也非常温和，它们在幼崽面前流露出来的温情在其他任何时候都是不可能有的。与此相反的是，一些平时很温驯的动物在自己的孩子受到威胁的时候却会表现得让人想象不到的凶猛，它们会奋不顾身地冲上前去与带来威胁的对象以命相搏！这种种表现都说明动物和人一样拥有身为父母的特殊本能。

科学家经过研究发现，动物和人一样具有自我保护和保护幼崽的两种本能。

法国生物学家 J. H 法布尔如是说：“无论什么生物都应该感谢伟大的母爱，如果不是母亲为他们提供保护，几乎所有幼小的生命都无法存活下来，因为它们还不具备生存所需的技能。父母对幼崽的保护是物种延续必不可少的条件。”

在神奇的大自然里，我们发现任何生物都有自己生存的智慧，即使是最低级的生命，也有自我防卫的本能。生物生存的智慧又集中体现在对幼体的保护上，用在自我保护行为上的反而相对会少一些，而且显现出的智慧也不如保护幼体的程度高。特别是当幼体和自身都存在危险的时候，身为父母的动物们首先考虑到的是孩子的安全，为了孩子，他们可以牺牲自己的生命。

科学家发现生物界普遍存在着自我保护和保护幼体两种本能，所有成年生物也都同时具有父母态度和群体成员两种生活态度，人类也是其中的一员。所以，人类对自身的研究必须从儿童期开始，如此才能减少成人对下一代儿童的不良影响，让他们自由发展成长。

第八章　尊重生命

孩子的个性由许多特性构成，掩藏在一些互相矛盾的外部表现背后，是一个精确的心理发展模式发展起来的个体精神胚胎。

孩子在童年期开始意识到自我时正处在一个个性形成的阶段，这个时期是一种创造性特别容易受到暗示的状态。他们的人格会被周围的成人悄悄潜入，成人会用自己的意志来激发儿童的意志，使儿童的人格产生变化。

外在的影响并不是行动的决定因素，所以，任何人都很难依靠别人的意志做出有条不紊的行动。孩子同样是具有自己的本性的，如果他们只能在他人的指点下才能完成一个有秩序的行动，他们已然失去了发展的机会。

孩子需要把精力集中在工作上才能正常发展，因此，我们必须有选择、有目的地向孩子提供工具和环境，力争做到既能引起孩子的兴趣又能吸引他们的注意力。

儿童正常发展需要适宜的环境、谦虚的老师和科学的材料，这也是教育方法的三个外部特征。

生活中，儿童的个人尊严感十分强烈，他们对成人的嘲讽很敏感，很容易感到丢脸。

第一节　如何认识儿童

我们目前对儿童的心理分析虽然已经有了一定的了解，但这并不代表儿童的心理活动就只有这些。而且，我们所认识到的这些也未必就是完全符合儿童真正的心理生活的，这两者之间有着根本的区别。

在我们的生活中，成人往往没有注意到儿童的微妙心理活动，所以，儿童的心理发展很容易被成人无意识地破坏了。

生活中，成人对孩子常常怀有防御之心，他们认为孩子会破坏自己环境里的秩序，会弄坏他们认为的一些很重要的东西，所以总是大惊小怪，自以为是地想要把孩子锁定在一个很小的活动范围内。对于儿童来说，成人的生活环境本来就不适宜于他们的成长，很多时候，这种成人的生活环境反而是儿童生活的很大阻碍。这些阻碍会让孩子的性格变得古怪，让他们很容易被成人的暗示所摆布。基于这层关系，儿童教育基础的内容应该从成人的角度进行研究。

当儿童的心灵受到阻碍，他们的秘密被曝光了，他们就会来一场暴风雨般的发脾气，他们真实的想法被一些伪装隐藏起来，无法展示出他们真正的个性，他们做出的自我实现的努力被发脾气的反抗所掩盖。这并不是单纯地对不相容的环境的一种防御机制，而是孩子在寻求展示更高的品质。

孩子的个性由许多特性构成，掩藏在一些互相矛盾的外部表现背后，是一个精确的心理发展模式发展起来的个体精神胚胎。

现阶段，我们的教育所面临的最紧迫任务就是去深入地了解孩子，把孩子从他们生活中所有的障碍中解救出来，让他们自由地去发现未知的东西，大胆地去做大自然赋予他们的工作。

我们目前对儿童的心理分析虽然已经有了一定的了解，但这并不代表儿童的心理活动就只有这些。而且，我们所认识到的这些也未必就是完全符合儿童真正的心理生活的，这两者之间有着根本的区别。成人会把自我约束隐藏在潜意识里，以此让它成为只有自己知道的秘密，但儿童却不懂也不会做这些，他们一旦有“秘密”就会毫无保留地暴露在他们的环境中。要给一个成人提供心理上的帮助，就必须帮他解开在漫长时期里形成的一团心理乱麻；而当我们完全为儿童的创造和发展敞开大门的时候，我们就已经给儿童提供了他们所需要的自由发展的环境。

儿童处在从不存在到存在、从潜在性到实际性的过程中，这是一个简单的、自我创造的过程，随着他们能力的日益增强，他们越来越轻松地展现自我。如果处在一个自由的环境中，儿童的心灵会在自然发展的情况下把秘密自动揭开。只有坚持这个原则，我们的教育才能得以实现，如果脱离这个原则，所有的教育都将陷入一种无穷的混乱之中。

所以说，发现儿童和解放儿童是新式儿童教育的首要任务，然后就是如何改善儿童的生活方式，给日趋成熟的儿童提供必不可少的帮助。

要做到以上这些，就必须在儿童的发展过程中为他们创造适合于他们成长的环境，把障碍物减到最少，为那些真正有助于儿童能力自由发展的活动提供帮助。

成人也是儿童环境中的一个因素，成人应该主动适应儿童的需要，而不是自以为是地成为儿童独立活动的障碍。儿童的成长所必需的活动也完全没必要由成人来代劳，成人的这种不必要的帮助反而会成为儿童成长的障碍。

第二节　替换性人格

孩子在童年期开始意识到自我时正处在一个个性形成的阶段，这个时期是一种创造性特别容易受到暗示的状态。他们的人格会被周围的成人悄悄潜入，成人会用自己的意志来激发儿童的意志，使儿童的人格产生变化。

很多时候，成人不单只是在行动方式上想要用自己的行动来代替儿童的行动，还想把自己的意志微妙地强加给儿童，让儿童照自己所说的来做事。所以，我们常常能听到成人教育孩子说："你一定要听妈妈的话。"

这种情况在我们的生活中很普遍，就算孩子最终用我们的方法来完成了他们的工作，也不能代表这就是他们在行动，这不过是成人在替代他们行动，下一次成人不在他们身边的时候，他们不一定会再使用这个方法来处理遇到的同类型问题。

著名科学家夏洛特曾经做过一个轰动性的实验：通过催眠实现替换癔病患者的人格。

他的实验证明，某些暗示可能使被实验者接受催眠者的人格而失去自己原有的人格。

这个实验改变了人们以前那种自认为自己才是自己行为的主人的观念。通过这个实验，人们发现了人类具有双重人格。

孩子在童年期开始意识到自我时正处在一个个性形成的阶段，这个时期是一种创造性特别容易受到暗示的状态。他们的人格会被周围的成人悄悄潜入，成人会用自己的意志来激发儿童的意志，使儿童的人格产生变化。

在教学工作中我发现一个现象：如果我们用过分热情和夸张的动作给孩子们示范着做一些事情的时候，孩子根据自我人格进行判断和行动的能力就会受到压抑，他们会在自身分离后由另一个自我来替代，这个新的自我虽然不属于孩子自己，但它更加强而有力，孩子那尚未成熟的人格就被这个外来的自我给剥夺了。当然，成人在做这些事情的时候通常都是无意识的，他们本身也并不希望能够通过这种暗示来支配面前的孩子，他们甚至根本不知道这个现象的存在。

有一天，一个两岁左右的孩子把一双鞋子放在干净的白床单上，我不假思索地冲过去将鞋子放到了房间的另一个角落里，嘴里说着它太脏了，手上又把刚才放过鞋子的床单掸了掸。在这以后不论什么时间里，只要这个小孩子看到鞋子就会跑过去将它们拎起来，还要说"它们太脏了"，即使鞋子并没有被放到床单上，他还是会走到床边把手按在床上做出一副要把床单掸干净的样子来。这个故事我在前面的章节里曾经提到过，在这里，孩子一方面是被我伤害了，而另一方面，我的人格对孩子的人格也产生了潜移默化的影响，以至于让他也跟着我、用我的规律来定义一件事情。

生活中类似这样的例子真的是不胜枚举，可见，虽然成人的禁令特别容易约束孩子的行动，但要激起孩子的反应并不需要什么禁令。很多时候，成人的一个举动就会无意间成为孩子的规矩。

我曾经看到过这么一件事：一个四岁多的小女孩儿和外婆一起在花园里玩，为了看到喷泉，她很想打开花园里的人造喷泉水龙头，不过，她伸出去的手很快又缩了回来。她的外婆还以为她胆小不敢开，小女孩儿的回答却是："保姆阿姨不许我打开它们。"

在外婆的一再劝说下，小女孩儿这才伸出手去将水龙头打开了。在这里，保姆阿姨的一句话成了这个小女孩儿的行为准则，以至于不管这位保姆在不在小女孩儿的身边，这个小女孩儿都会依着她的话来做事。

另一个故事的主人公是一个七岁左右的小男孩儿，当时他看到远处有个很吸引他的玩具，正准备朝它走过去的时候，却又退了回来，老老实实地坐在了原地。看到他痛苦的样子，我无法知道他为什么会退回来，但我知道，虽然他的旁边没有人约束他，此时他一定是想起了什么人给他定的规定，而他的内心正在克服着动摇不定的意志。

可见，孩子对他周围的成人给予的暗示很敏感，即使给予他暗示的人不在身边，他的行动仍然会受到这种暗示的左右。这是孩子一种内在的敏感性的扩张所导致的，是有益于儿童心理发展的。这种内在敏感性特点又可以称之为"环境依赖性"。孩子虽然渴望观察事物而且容易被所观察的事物所吸引，但他们更容易关注成人的行动，而且总是刻意模仿成人的行动。所以，成人肩负着很重要的使命，激励孩子大胆行动的同时，他们又通过自己的指导使孩子学会如何正确行动，如何完善自我。

在这个过程中，成人应该保持平静而且放缓行动的速度，让孩子能清楚地看到自己行动的细节，以方便他们加以模仿；相反的是，如果成人用自己所习惯的速度来处理事物就有可能把自己的人格在无意中强加给孩子，他们的行为会通过暗示替代给孩子，而不能起到激励和教导的作用。

生活中一些直观的对象对感观有吸引力时，就能产生一种暗示孩子的作用。

著名学者莱文教授曾经拍过一部纪录片，这部片子首先让大家看到一个摆放着许多不同物体的长桌子，走进教室的孩子们一眼就被眼前的各种物体吸引住了，他们的脸上充满活力地微笑着，为自己处在这么多不同物体之间感到高兴。紧接着，每个孩子都开始拿起一件东西工作起来，他们放下这项、拿起那项，一项一项重复地做着同样的工作。

第二组孩子却有着截然不同的表现，他们走进与第一组孩子同样的教室，面对同样的东西，却只是漫不经心地走进来，不时停下来四处看看，在桌子旁边懒散地站着，很少有人去拿起这些物体来玩耍。

这两组孩子在性格上是不同的，其中有一组孩子身心有缺陷。

一般人一定认为充满活力的孩子才是聪明的孩子，人们也习惯把活泼快乐的孩子看作是聪明的孩子。而事实上，在莱文教授的实验里，有缺陷的孩子却恰恰是大多数人认为正常的第一组孩子。这组孩子从一件物体到另一件物体之间急匆匆地边走边玩着，而正常的孩子却长时间站着一动不动，注视着一件物体沉思着。这组正常的孩子用自己的方式向人们说明一件事：正常的孩子是有分寸的，他们的行动一定会考虑周到，而不像前者那样冒失。

莱文教授的实验让大多数人感到意外。其实，如果我们仔细观察就会发现，聪明的孩子在通常的环境中行动的时候确实会像影片中那些有缺陷的孩子一样充满活力，但他们是在缓慢和沉思中去观察和实现自己的好奇心的，他们的行动会被自我意识和理性所指导和控制，而不会像实验中那些有缺陷的孩子一样没有规律感。

正常孩子如果被外界物体激发起来就会自由地运用外界物体，在这个运用中却又透露着他们的自我探索和节制的能力。所以说，任何一个孩子不能只是用某种方式到处乱走着、毫无目的地去感知周围的东西，他们更应该掌握自己的运动器官并运用它们，他们应该有自我指引运动的能力，而不只是被外界事物所支配。我们要做的，就是引导孩子把那些源于他们内部的注意力集中到一个物体上来。

一个正常人会用一种深思熟虑的方式来行动，这其实是我们常说的人类的内在秩序中的一种，这种内在秩序同时还表现为一种有条不紊的外部行动。如果一个人缺乏这种内在秩序就会失去控制自我行动的能力，会因此容易受到他们意志力的支配，成为外界环境影响的牺牲品。打个形象一点的比喻，这种人就像是一条没有航向的船。

外在的影响并不是行动的决定因素，所以，任何人都很难依靠别人的意志做出有条不紊的行动。孩子同样是具有自己的本性的，如果他们只能在他人的指点下才能完成一个有秩序的行动，他们已然失去了发展的机会。这种感觉就像是一个被气球托着带到沙漠里的人在突然之间失去了气球而周围却没有任何一样东西能代替这个失去的气球一般孤立无援，一旦孩子陷入这种情境时，隐藏着的心理没有得到发展，他们就会开始和成人争吵。他们所表现出来的种种行为也是杂乱无序的，而事实上，恰恰是一心想帮助他们的成人环境造就了这样的牺牲品。如果成人能意识到自己一些错误的做法会让孩子成为牺牲品，相信没有一个成人会下意识地去犯这种错误。

第三节　正常发展的条件

只要孩子生活在一个可以进行有序活动的环境里，就会形成一定的纪律性，我们以前没有发现这一点是因为我们受到习惯的影响，因为我们对孩子性格的发展缺乏应有的关心。

现实生活中，人们总是认为那些消极被动、缺少活力的孩子是好孩子，而那些吵闹不停、胡思乱想的孩子常常被人认为天分过人、大有前途。

成人在看到孩子性格覆没缺陷的一些表面特征时，不但不认为是件坏事，反而给予很高的评价，这些其实是让人痛心的偏见和误解。

人们总认为那些不正常的孩子需要进行教育，以使其得到改正；而那些守规矩的孩子是其他孩子学习的榜样，是好孩子；性格异常的孩子则被认为与众不同，会比一般孩子要强。特别是后面两种孩子总能得到父母的夸奖。事实上，第三种孩子除了父母以外，没有其他人会喜欢他们的。遗憾的是，这种错误的观念已经在人类历史上延续了上千年。

在“儿童之家”这样的学校里，我们发现当孩子被某项工作所吸引的时候，他们身上那些在成人看来不管好的还是坏的性格特征都消失了。

孩子其实很希望自己动手，成人却完全忽视了这一点。他们想不到孩子能和自己一样会有选择地去做一些事情，成人总认为孩子只会玩耍。

实际上，孩子在心理的支配下总喜欢忙一些能使他们从中得到快乐的事情。这个现象说明我们对儿童性格发展存在习惯性的偏见。

成人还忽视了一件很重要的事情：孩子会在不知不觉中形成一定的纪律性。

一直以来，怎样在培养孩子纪律性的同时又不伤害他们的创造力是一个困扰教育工作者的难题。我们通过大量的教学实践发现，只要我们给予孩子自由，他们自己就能培养起必要的纪律性。事实上，那些能够进行自由选择的孩子都会集中精力做自己喜欢的事情，纪律性就在这个过程中被养成了。

研究发现，只要孩子生活在一个可以进行有序活动的环境里，就会形成一定的纪律性。我们以前没有发现这一点，是因为我们受到习惯的影响，因为我们对孩子性格的发展缺乏应有的关心。

当然，孩子身上的这些变化不是逐渐出现的，它们是很自然形成的。对于某个孩子来说，这并不存在什么群体意识，孩子只是在专心做自己的事情而已，我们只需要把孩子放在相应的环境之中，让他们按照自己的心理需要来做事情就好了。只要孩子专心去做一件事情，他们性格上的缺陷就会随之消失，这些效果都是我们单纯的说教不可能做到的。

不管从哪方面来看，人都是一个在自然规律作用下逐渐形成和完善的整体，每个人都需要在生活中积极吸取外在经验。人类从出生到三岁时各个器官都在独立发展着，到了三至六岁时，人的双手能够接受来自大脑的命令，开始进行有意识的工作，与此同时，人体的各个器官合为一个整体共同发挥作用，完成个体的工作要求。

在这个过程中如果某些外在原因影响了这种和谐状态的形成，阻碍的力量将在体内单独成长，破坏人体器官的平衡发展，导致性格缺陷和功能障碍。这些不良后果都是因为各个器官独立发展，无法形成一个整体，所以不能实现人体的正常功能，它们会导致人格发生异常，成为个体绝望的根源。

生活中的一些残疾人也面临这种窘境。

要解决这些问题，只有使人体各种功能协调一致，共同为整体服务才行。

当然，那些因为身体残缺而导致的不和谐是无法用这个办法来解决的。在“儿童之家”就出现过这样的事情：孩子们只要有一个合适的，能吸引、激发他们的环境，他们就能专心地投入到某项工作中去，所有的能力在此时被结合到一起，他们身上原有的一些性格偏离因此得到矫正。这并不是老师教育的结果，它只是儿童个性发展的结果。

时至今日，对“问题儿童”的治疗已经很普遍了，社会上成立了很多各种各样的“问题孩子学校”。但这些学校良莠不齐，他们的做法也未必都是正确的，有的学校还传出一些虐待孩子的负面新闻，并不能从真正意义上帮助这些有缺陷的孩子恢复正常。

实际上，孩子的性格缺陷会反复出现，由于生活环境缺少正常发展的动力和机会，很多被治愈的孩子回家不久以后又会因为生活环境的改变而出现性格偏离。很多学校和我们一样认同努力创造一种自由气氛对孩子的成长很重要，但很多人对自由的理解和我们是不一样的，在他们的认识中，自由就是摆脱束缚，不受权威的约束。其实，这不是自由，它不过是对压迫的一种反抗。如果学校真的照着这个想法来实施教育，这里的孩子只会做出毫无节制的情绪发泄，他们在这里把之前受到的过多的成人控制本能地反抗、发泄一通，如果他们的自我控制能力没有得到发展，他们还是无法得到真正的自由。

同理，很多事情不能只从表面现象来看。比方说，有些人觉得孩子做事没有规律，实际上是这些人随意强制孩子随着他们自己的规律去做事，他们并不认同孩子本身的规律。而有些人说孩子很懒惰，事实却是这些人总在强制孩子做一些孩子们不愿意做的事情（即使是成人，被他人强制着去做一件事情的时候也会表现出懒散、应付的状态来，更何况是孩子呢?）。还有的人总说孩子不听话，其实是这些孩子一直都在被强制教训着，是孩子本身不认同成人的那些话。但在这些矛盾中，因为成人的强势，孩子就被冠以这种种名号，戴着成人因偏见给他们做的帽子出现在成人的生活中。

我认为自由是发展的前提，也是发展的结果，孩子要获得这种能力就需要一个潜移默化的教育过程，而不是一番言辞犀利的说教就可以达到效果的。

人格的发展具有自身的主动性，它离不开孩子自身的努力和对经验的获取，它不是三两天的工夫，而是一个漫长的过程。人类终其一生都在被他所取得的经验所影响，不论是孩子还是成人，前面生活里所取得的经验一定会或多或少地影响着他们未来的生活。人们可以对弱者进行压迫以使他们屈服，遏制他们的成长，却不能强制他们的发展。

自由不是让孩子做任何他们想做的事情，否则，孩子身上已经发生的偏离的性格不但得不到矫正，还会继续发展下去。

孩子需要把精力集中在工作上才能正常发展，因此，我们必须有选择、有目的地向孩子提供工具和环境，力争做到既能引起孩子的兴趣又能吸引他们的注意力。我们应该有目的地为他们的发展做准备，让我们所提供的东西能适合孩子的年龄和心理特征，以保证孩子方便地使用它们。如此一来，孩子就能借此提高自己的运动能力，当孩子集中注意力去做某件事情的时候，他们的心理发展会因此得到满足，运动协调能力会得到提高，性格上的缺陷也能得到矫正；反之，如果孩子毫无目的地去做一件事情时，不但无法改掉身上已有的缺陷，反而会引起更多的缺陷。

只有激发孩子的兴趣，才能改善他们的个性。对问题儿童的治疗也不是一天两天的事情，它需要一个过程。只有在环境的作用下，孩子的天赋才能得到充分的展示，当他们身上那些自发的纪律性等能力得到正常发挥的时候，他们就能自由选择自己的行为，开始形成一种生活规律。

我一直坚持一个原则：让孩子做自己选择的、有趣的事情，因为这些事情可以集中他们的注意力，使他们不感觉劳累，而这些工作本身又能够提高孩子们的各种能力，完善他们的心理发展。成人为孩子提供的帮助应该是根据孩子的性格和兴趣去选择的，而不是随意给他们一些东西就好。在学校里，我们要根据孩子心理发展的规律来选择教育方法。

纪伯伦曾说，工作是爱的表现。而阿拉伯经典作品《吉塔》则写道："让儿童做该做的事情极为重要，因为大脑不能停止不动，它需要不停地工作，只有专注地去做一些事情才能发展人的精神。懒惰的大脑容易接受不好的东西，因而懒汉不可能是健康的人。"

第四节　自发的纪律

我们应该相信，自然界的规律肯定为所有其他形式的、诸如社会生活的规律提供了基础。

在"儿童之家"我们有这样的发现：孩子们能很好地把秩序和自发的纪律结合在一起，他们对老师的要求执行迅速，每个孩子都安静地、专心地进行着自己手里的工作；教室里很安静，没有人试图破坏这种安静的气氛，也没有人可以通过虚假的形式来获得这种安静，孩子们在取出或归还教具时走路的声音都很轻。他们从来不在院子里久留，总是离开教室以后在院子里张望一下就回来。如果老师来晚了或是只有孩子们自己留在教室里的时候，一切都会照常进行。他们的这种安静和极好的纪律性在老师提出要求之前就表现出服从，孩子们的这种对纪律的服从不仅没有阻止他们的独立行动，更没有给他们按自己的爱好安排每天的活动造成障碍。

孩子们为什么可以做到这一点呢？我认为可能是这些孩子在这里找到了适合他们的生命道路。这个道理和星星在运行中不停闪光一样简单，他们体现出来的这种自然规律和环境本身无关，已经成为宇宙规律的一部分。我们应该相信，自然界的规律肯定为所有其他形式的、诸如社会生活的规律提供了基础。

有一次，意大利总理的女儿陪同阿根廷共和国大使前来“儿童之家”参观访问，他们为了看到孩子们最真实的表现，并没有提前与校方沟通他们此次的行程。到了学校以后他们才知道那天是假日，学校不对外开放。

正在他们打算失望而归的时候，让人想象不到的事情发生了。正在院子里玩耍的一些孩子看到他们以后马上走了过来，他们得知了对方的来意，马上表示：“没关系，我们都在这幢大楼里，到门卫那里拿钥匙开门就可以了。”

这些孩子很快地将分散在其他各处的孩子集合到了教室里，他们像往常一样自动工作起来。客人们在这里看到了孩子们令人惊叹的自发行为！

不久以后，意大利国王和王后等一些名人都慕名而来，这些人从来没有见过这种场面，他们都为孩子们的精彩表现而惊叹。

有很多孩子的母亲都跑过来跟我说起他们的孩子在家里时表现出来的一些让她们惊喜不已的地方，她们告诉我说她们的孩子在家里甚至会要求她们洗手或是把她们自己的衣服弄干净些，他们还会帮着母亲收拾家务，做一些力所能及的事情……孩子们的这些表现是她们周围其他的孩子不会做的，她们很感谢“儿童之家”给了她们的孩子如此大的改变。她们还常常会悄悄地送一些自己做的饭菜到学校里来，尽量不让人知道是谁送过来的。

第五节　教育的原则

为孩子提供一个适宜他们天赋发展的环境是一切教育的前提。为了实现教育的目标，我们首先要做的就是消除障碍物，这是所有教育的基础和出发点。

“儿童之家”的种种现象表现了孩子的某些天赋的心理特征，你一定很想知道我们是通过什么方法才能获得这样的结果的。

在现实生活中，人们所看到的常常不是方法，而是儿童本身。

我们可以看到，那些没有被障碍物约束的孩子，他们的心理是在依其本性而活动的，“儿童之家”的孩子表现出来的特征完全是属于他们自己生活的，根本不是任何教育方法的产物。

当然，我们必须得承认孩子的自然特性会受到教育的影响，我们所说的教育就是要采用一种能够帮助孩子自然发展的方式去保护和培育他们。这就好像园丁们培育一种新品种的花朵一样，人们通过适宜的照管和一定的工艺可以在一定程度上改变花朵的色彩、香味甚至是一些其他的自然特征，但人们改变不了它们会开花的基本特征。孩子的心理活动是非常善变的，如果它的特征处在一种不适宜的环境中就会完全消失，甚至会被其他东西所取代。

所以，为孩子提供一个适宜他们天赋发展的环境是一切教育的前提。为了实现教育的目标，我们首先要做的就是消除障碍物，这是所有教育的基础和出发点。

我们应该去发现孩子的本性，这样才能真正地为孩子现有特征的发展提供有用的帮助，才能促进他们的正常发展。

引起孩子正常特征发展有几个条件，首先是要把他们安置在一个他们不会感到任何压抑的、愉快的环境里。

“儿童之家”给孩子们的新环境就很舒适，整齐洁白的教室、为孩子们量身定做的新桌椅还有小扶手，院子里有青青的小草坪……

第二个重要条件是成人的积极作用。

虽然“儿童之家”的父母们都没有很高的文化，但“儿童之家”的老师们都是经过特殊培训的，他们没有一般学校老师的那种傲慢和偏见，这两种成人相结合产生了一种理智的沉静，它能更好、更畅通地帮助孩子自由成长，它是理解孩子不可或缺的条件。

第三个重要的条件是“儿童之家”能给这里的孩子提供用来进行感官训练的、合适的、吸引人的、科学的感官材料。

孩子们会被这些可以完善感知的材料所吸引，同时他们会对运动进行分析和改进。这些材料还能教他们一些老师们用说的方式达不到的效果，比方说如何集中注意力。这种注意力的集中是任何人的嘴巴说说话所达不到的效果，它是一种外部力量，却也是孩子正常发展必不可少的条件。

总结以上我们可以得到一个结论：儿童正常发展需要适宜的环境、谦虚的老师和科学的材料。这也是教育方法的三个外部特征。

我们发现一个孩子会不知疲倦地从事他的工作，他所进行的活动就像是他的新陈代谢一样。这种新陈代谢与孩子们的生命和发展息息相关，他们会有自己的选择，而这些选择会成为他们的指导原则。

连续的活动能像一根魔杖一样叩开孩子天赋的正常发展之门，当然，这些活动需要将心理指导的手的运动专注于一项简单的工作上。孩子特征的发展来自某种内在的冲动，他们很乐意进行重复练习和自由选择之类的活动。

在“儿童之家”，我们发现孩子对诸如安静一类的练习做出更热情的反应，他们喜欢那些导向荣誉与正义的课程，很急切地想要学会使用那些能发展他们心灵的工具；同时，他们对那些奖品、玩具和糖果之类的东西倒是表现出厌恶的情绪来，他们向我们展现出秩序和纪律的需要。看到孩子们的这些特征以后，千万别因此以为他们就处处表现得不像孩子的天性了，他们仍然充满活力、真诚，快乐而可爱，他们遇到高兴的事情同样会叫喊着拍着手到处跑，他们也会用呼唤和追随来表达自己内心的激动。他们同样会和其他孩子一样友好，对新的东西一样充满好奇心，会尽量使周围的一切都适应自己。

孩子本身已经为构建一种教育方法提供了实际的、明确的，甚至是已验证的原则。他们自己所做的这种选择就是这种教育方法的指导原则，他们自然的本性就能够阻止错误的发生。令人难以置信的是，长期的经验也证明了孩子自己的选择在我们正确的教育方法构建过程中始终起着作用。这种教育方式的整体包括了三个基本要素：环境、老师和各种教具。

人类社会最初的工作是受儿童指导的，这表明了这些原则起初表现为一些人们从未料到的新的发现。这种特殊的教育方法其中的一些新东西来自生命本身，它的不断发展本身就是一种演变，生命的发展是依靠它的环境的。儿童成长的环境虽然是由成人提供的，但它们在儿童的成长过程中还是形成了某种特殊的东西，它们在本质上是一种与儿童生命发展所展现出的新模式的积极互动。

我们的这种新的教育方法很快地被应用于为所有种族和各种社会条件下的儿童提供教育的学校，教育工作者们从中积累了很多丰富的教育经验，和我们一起发现了许多共同的特征和普遍的趋势。从某种意义上来说，自然规律应该构成教育的首要基础。我们有一个共同的原则：首先期待儿童的自发表现，然后才考虑从外部采取一定的具体方法。

第六节　教育方法的起源

没有人肯去研究一些自己无法证实其存在的东西，探究者很可能只能得到一种幻象而非真相。一种研究方法总是与一种发现的再现、保存和控制有关，因此，它不仅不会像幻象一样消失，反而有一种真正的更高的价值。

我们的教育方法主要强调的是环境，然后关注教师的作用，最后我们强调的是尊重孩子的人格。在孩子的成长过程中，教师有时候不但不能给孩子们提供帮助，反而会成为孩子活动的障碍，主要原因是老师缺乏主动精神，他们过分注重自己的活动和权威导致的。那些具有主动精神的教师看到孩子独立活动取得进步的时候，会为他们感到高兴，会给予他们真诚的赞美，在教学过程中会尊重孩子的人格。我们每一个“儿童之家”都充分展现了这三条基本特征，我们之所以将学校取名为“儿童之家”就是因为这个名字带有家庭的亲和力，我们希望孩子们在这里能有家庭般的温暖。

在我们的教学方法中，我们把孩子和成人的角色做了重新的定位。在这里，孩子才是活动的中心，老师并不是教学的主体，我们让孩子随意走动和选择自己想做的事情，让他们可以独立学习。虽然这种方法在实际上已经取得了一定的成果，但还是有些人会认为这样的说法是一种乌托邦式的夸大其词。

“儿童之家”的教学环境是为孩子量身定制的，这里布置着仿制的现代家庭家具，各种小桌子和小扶手椅子都是依着孩子的身高来定做的，窗帘和装饰的花是依着孩子的眼光来挑选的，窗户低矮保持明净，孩子可以自由开合特意为他们的身高而定制的矮橱柜，柜子里摆满了为他们准备的各式各样的玩具……这里所有的一切都是有助于孩子发展的一种真正实际性的改进，得到了很多人的认同和接受。我相信，直到现在，像“儿童之家”这样为了孩子的方便而准备的外部条件改进在我们的教育机构中还是没有得到广泛采用的。

有人通过我们对孩子的观察得出一个结论：孩子具有一种神秘的本性。也正是基于这个结论我们才提出建立这种特殊的学校并创造了这种特殊的教育方法。这种想法其实是错误的——没有人可以通过一种模糊的直觉去观察某种未知的东西，也没有人可以凭空想象孩子的种种本性，更不可能用实验把这些本性展现出来。

的确，任何一种新生事物在初步展现时，接触到它的人可能会持怀疑的态度，这世界上有很多人对新生的未知事物都会抱着拒绝的态度。不过，有一点我们必须得承认，有些东西至今为止仍未被人类所认知，但它一定会不断地展现自己直至被人们发现、承认，并心悦诚服地接受。人们最初发现这种新事物的时候难免会被其震惊，但最终都会接受它们，并坚定地欢迎它们，甚至为它们奉献自己的生命。

发现新的东西不是件容易的事情，让自己相信一些新的事物就更困难了，我们的感官在新生事物面前总是关闭着的，可一旦有机会发现并承认它们时，我们就变成了《圣经》里那个为寻找一颗价值连城的珠宝卖掉所有家产的商人一般狂热和执着。

我们的心里都有一间不对陌生人开放的房间，陌生人想要进来必须有另一个已经熟悉的人介绍才行。人们一直在重复这个从已知到未知的过程，一个没有人介绍的陌生人会砸坏紧闭的门或在门虚掩时溜进去，而一旦他进入这间房时他就会成为一个神奇的人物。

伏塔在注视着一只被剥皮后四肢还在抽动的青蛙时，他表情有些难以置信，注意到这个事实后他仍然坚持实验，所以才发现了静电的作用。

一个新纪元、新领域很多时候都是由一件小事为开端的，从本质上来说，做一个探究者只有通过对无数毫无意义的细节进行深入研究才可能前进到一个新的领域。

物理学和医学对一个新的发现有着严格的认定标准，一个新的发现在这些领域中可能就是初步发现以前尚未被认识的事实，这个很可能尚未被认识的事实一直在被人怀疑，也就是说，它们好像并不存在。这种事实并不依赖于个人的直觉，它总是客观的，有两个步骤来认定新的事实，首先必须把它分离出来，并研究在不同条件下的状况。其实必须使新的发现在这个研究环境中得到确认，必须可以再现和真实存在，新的发现必须先解决这个基本问题，然后才能开始研究，并在新的起点发现新的东西，才能为研究者带来真正的发现成果。

当然，很明显，没有人肯去研究一些自己无法证实其存在的东西，探究者很可能只能得到一种幻象而非真相。一种研究方法总是与一种发现的再现、保存和控制有关，因此，它不仅不会像幻象一样消失，反而有一种真正的更高的价值。

第七节　儿童的自尊

很遗憾，成人大多没有注意到这一点，有些父母和老师甚至习惯于用一种相反的方式来激励孩子，他们用一些嘲讽性的话来刺激孩子，以期得到教育孩子的目的。其实，这种做法是大大错误的。

生活中，儿童的个人尊严感十分强烈，他们对成人的嘲讽很敏感，很容易感到丢脸。

很遗憾，成人大多没有注意到这一点，有些父母和老师甚至习惯于用一种相反的方式来激励孩子，他们用一些嘲讽性的话来刺激孩子，以期得到教育孩子的目的。其实，这种做法是大大错误的。在“儿童之家”发生过两个很有代表性的故事，我觉得能充分说明这一点。

第一个故事是我亲身经历的。那天我在教孩子们如何尽可能地擤鼻涕，孩子们那么认真、尊重地看着我，没有一个人笑出声来，就像我在跟他们示范一件生活中其他再平常不过的事情一样平常。当我做完示范以后，我得到了一阵只有在剧场里才能听到的长久而热烈的掌声，我完全没想到这一双双小手居然能拍出这么热烈的掌声。在这掌声之后我陷入沉思，终于得出一个结论：孩子们极其有限的社交生活中的敏感点被我触及了——生活中，擤鼻涕对孩子和成人来说都是一件很难为情的事情。一方面，成人常常责备孩子，使得孩子们对这件事情很敏感。成人们的这种做法伤害了孩子的感情。成人为了防止孩子丢失手帕，强迫孩子不管什么时候都把手帕滑稽地别在围兜上，这种做法更进一步地伤害了孩子。成人并没有真正地教过孩子如何擤鼻涕，却无理地要求孩子在这件事情上面要做得如何如何好，这让孩子觉得自己没有受到公正的对待。而我的做法不但洗刷了他们受到的种种羞辱，还教会了他们获得社会生活中全新地位的方法。所以，他们对我报以如此热烈的掌声。

另一件事情是这样的：有一天我接到一个通知，说第二天将有一位大人物要来参观我们的学校，并且跟孩子们单独在一起相处。我对所有的孩子说了这件事情，然后告诉他们："你们明天将见到一位客人，我希望你们被他看成是世界上最棒的孩子。"然后我交代负责此次接待的老师说："顺其自然就好。"

让人不可置信的是，孩子们在客人面前的表现获得了巨大的成功。有孩子给这位客人搬椅子并很礼貌地跟客人说："您请坐。"其他的孩子就在一旁问候客人"早安"，客人离开时他们把头探出窗口齐声高喊："谢谢您的来访，再见！"

孩子们那天在工作中也表现得更加勤奋，他们把所有的工作都做得很出色，他们的精彩表现把来访者都震惊了。这一切，并不是老师事先要求的，而是孩子们自动自发的做法。他们懂事的程度一度让我都觉得是负责教他们的老师强迫着他们做了些准备工作或是排练！然而，在这以后，孩子们在日常生活中的诸多表现让我很清楚地认识到一点：他们已经是有了自己尊严的孩子，知道自己该怎么工作，完全能够真诚友好地自己接待来访者，他们觉得能为尊敬的客人示范自己所做的工作是件让人值得自豪的事情。

我清楚地知道：有些事情虽然简单却又是神奇无比的，这些孩子过去的那种羞怯已经离他们而去，不会再回来了；他们的心灵与周围的环境之间不再存在任何障碍，他们的生命力就像在阳光哺育下盛开的鲜花，自然、不加任何修饰地展现着自我。最为重要的是，他们已经发现自己的发展道路畅通无阻，自己无须隐藏什么、畏惧什么，也无须逃避什么，他们已经能迅速地与周围环境相适应。

孩子们表现得机灵活泼又镇定自若，他们能随时与周围环境擦出火花，能使与他们接触的成人心情振奋。他们欢迎所有给他们带来关爱的人，他们的一些表现甚至能给周围的成人们从未有过的安慰。

第八节 睡眠问题

成人绝对不能把小一些的孩子当成一件小东西随手提拎，更不能把大一些的孩子当成服从成人的应声虫。

给孩子一张他需要的床，给他们恰到好处的睡眠，睡眠的时间不要太长，这是能够帮助孩子心理发展的方法之一。

然而，现实生活中，我们成人为了方便自己的活动，总喜欢把孩子赶到床上去睡觉，以减少孩子给自己带来的麻烦。

他们认为长时间的睡眠对孩子来说就像吃饭和呼吸新鲜空气一样重要，他们在某种程度上造成了“儿童的类植物生活”。他们希望孩子能早点上床睡觉，这样他们就有了晚上外出的自由。他们更希望孩子早晨能醒得很晚，以免打扰他们睡懒觉。

一些无知的父母往往会直接要求孩子快点去睡觉，为了让孩子睡得早、睡得“好”，他们甚至不惜为孩子特别制作自己的小床。这种床可以移动，把床周围装好柔软的围栏，如此一来，孩子的小床就像一只建在高处的鸟笼，成人在照顾孩子的时候不必低头弯腰，不在孩子身边的时候也不用担心孩子会掉下来。孩子的房间被窗帘遮住，不见阳光，早晨的太阳不会打扰孩子的睡眠……我甚至看到过一个从来没有看见过星星的孩子。因为，他的父母要求他一入夜就得去睡觉，所以，他从来没有看到过星星，以至于他把能躺在草地上看星星当作是一件很渴望的事情。

成人在做这些设想的时候完全是从自身的角度出发，不管是无知的父母还是请来的保姆，他们都残酷地认为，这些生机勃勃的孩子应该去睡觉。

一些富裕家庭里的孩子都会被要求有过度的睡眠，倒是那些贫困家庭的孩子因为他们的父母没空哄他们睡觉，他们得以整天到处乱跑，他们更能感觉得到父母对他们的喜爱和自由。相比之下，这些贫苦人家的孩子往往比富人家的孩子表现得更安静。

种种迹象表明，一个强迫孩子服从和遵守他制定的睡眠时间表的成人，就是在通过暗示把自己的意志不动声色地强加给孩子。

其实，孩子也应该像成人一样得到正常的睡眠时间，他应该拥有睡觉的权利，想睡就睡，不想睡就不睡。家长们应该将为孩子特意定做的小床给废掉，如果想更有利地培养孩子独自睡觉的好习惯，只需要为他们提供一张贴在地板上的矮床，这样一来，成人们担心的许多问题都可以迎刃而解了，孩子们还可以随心所欲地在床上自由玩耍。这样一来，孩子们会形成自己的作息时间，一到晚上，他们会在与成人道完晚安后自己独自去睡觉，早晨起床的时候也不会打扰家里其他人的睡眠。

想想看，我们现行的教育方式真是个巨大的错误，成人根本就是在把自己的意志力强加给孩子！这是一种自私的心态，往往会导致成人违背孩子的天性行事，这样的结果直接导致了成人在照管子女的时候把自己弄得精疲力竭。我们应该克服掉这种防御性的心理。

所以说，成人应该努力了解孩子的心理需要，给孩子提供一个能使他们得到满足的、适宜的环境，如此才能开创一个新的教育局面，为孩子的生活提供真正的帮助。

成人绝对不能把小一些的孩子当成一件小东西随手提拎，更不能把大一些的孩子当成服从成人的应声虫。成人必须认识到自己在孩子的发展中只能起次要作用，成人想支持和帮助孩子发展就必须努力理解孩子，这是为人父母和所有教师们的目的和愿望。要发展孩子的个性，成人就必须控制自己的影响。因为孩子比成人弱小，所以成人要努力领会孩子的表示，应该把自己能够理解和追随孩子当作是一件重要和光荣的事情。

第九节　走路

孩子们都喜欢行走和奔跑，喜欢玩滑梯，总喜欢一堆人挤得满满的在一起爬上、滑下、坐下，然后又站起来。没有玩滑梯条件的穷孩子们就喜欢在大街上跑来跑去。

儿童通过走路获得行走的能力，但这并不表示他们在傻等这种能力的到来，学会走路对他们来说标志着他们的第二次诞生，标志着他们从一个不能自己行动的人变成了一个有行动能力的人。他们迈出自己的第一步，这是征服自然的第一步，标志着他们从一岁进入了两岁。行走功能的出现在心理学中被认为是儿童正常发展的一个主要标志。

当然，这不过是他们的第一步，在这以后他们仍然需要经常实践才能完成从蹒跚学步到优美从容行走姿态的转变，这是一个需要个人持续努力的过程。

儿童开始走路的时候有一种不可压抑的冲动，他们表现得勇敢无畏，甚至有些莽撞，如同一个不论遇到什么困难都勇往直前的士兵。成人为了避免这种情况，会用许多障碍物做防护设施把他们围起来。成人在做这件事情的时候忽视了一点：儿童的腿已经有力了，他们是一个已经完全可以完成走路任务的人了，只要让他们适当练习，他们就会很快掌握走路技巧的，把他们这样防护起来反而对他们的发展无益。有些家长为了省事，在孩子已经会走路以后还拿着个推车将他们推来推去，这对孩子的成长来说也是极为不利的。

在孩子学会走路以后他们为什么常常就不愿意自己行走呢？这是因为他们的腿比成人的短小很多，可是他们身边的成人们往往没有注意到这些，只想到孩子已经会走路了，并认为他们可以像自己一样的速度前行，孩子为了跟上成人的步伐不得不在行走技巧还不全面的情况下就拼命往前赶，他们的身体机能和心理机能都适应不了这种速度，索性就停下来不走了。在这方面，人类做的有时候甚至不如动物。当母象带着一头小象走进成年象群的时候，庞大的长辈们就会把自己的步伐减慢，以保持和小象的步伐一致；当小象累了停下来休息的时候，它们都会停下来。当然，这并不是说所有的成人都做不到这一点。我曾经在日本看到一对父子在散步，这个一岁半左右的孩子用手臂抱着父亲的腿，父亲配合地站着不动，把自己的腿当作儿子游戏的道具，让孩子围着他的腿转圈。当孩子做完游戏以后，父子俩又开始了缓慢的散步，走了一会儿，孩子又停下来坐在路边，父亲又站在他身边不动。整个过程中，父亲脸上的表情严肃而自然，并没有什么不寻常的表现。也许，在他看来，带孩子这样散步实在太自然不过了。遗憾的是，并不是所有的成人都能拥有这种心态。

一两岁的孩子已经可以很好地爬斜坡、爬梯子，他们甚至可以走好几英里的路。但他们的这些行为跟成人的行走有着截然不同的目的：成人行走是要到达某个目标，他们直接走到那里就可以了；而孩子虽然已经有了自己的步伐，却只是几乎被机械而盲目地带着行进。他们的行走应该是为了完善自己，发展自己征服自然的能力。他们的步伐应该是缓慢的，没有节奏也没有目的，他们的行走不过是被周围物体吸引的结果。成人如果真的想要帮助孩子走路的话，就必须放慢自己的步伐，放弃自己的目的。

在意大利，我曾经目睹了一对夫妇和他们一岁半孩子的故事。他们去海边的时候必须经过一条陡峭的、差不多有一英里的下坡路，任何运输工具都无法通过这条路。他们无法用像小推车之类的工具来推着孩子走，而抱着孩子走这条路又实在太累了，他们只好尝试着让孩子自己来解决问题。我看到那个小孩子一会儿停下来看花，一会儿在草地上坐一坐，一会儿又看看路边的动物，有时候他注视着某种动物能达到15分钟的时间。就是这样，他跟着父母亲每天不知疲倦地往返于这条漫长而艰难的道路。

孩子们都喜欢行走和奔跑，喜欢玩滑梯，总喜欢一堆人挤得满满的在一起爬上、滑下、坐下，然后又站起来。没有玩滑梯条件的穷孩子们就喜欢在大街上跑来跑去，虽然他们看起来还很幼小，却能出乎成人意料地、很轻易地避开车辆，他们甚至能毫不费力地在汽车和卡车的车门边找到座位，虽然危险了些，却不会像富裕家庭的孩子们一样因羞怯变得迟钝甚至变得懒散。这两种现象对于孩子成长来说都没有得到真正的指导，穷孩子们所处的环境让他们面临诸多不安全的因素；而富裕家庭的孩子却被太多的东西包围着，处于过度被保护状态，这些东西使他们远离了危险环境，对他们成长和发展却也产生了副作用。这也是使得大人感觉自己在孩子成长过程中无所适从的原因之一。

第十节　第一所“儿童之家”的建成

我给孩子提供的教具就像给商人提供开启钟表发条的钥匙，而且他们的心理变得比以前更健康、更有活力，只有心理激励才能推动这样的工作。

第一所“儿童之家”创建于1907年1月6日。当时我们招收的都是些贫苦人家的孩子，这些孩子的父母们没有受过教育，几乎都是文盲；五十多个三到六岁的孩子都衣裳破旧、表情羞涩。此时，专门的教育方法还没有形成，不过，我很快就在“儿童之家”推行了我的教育方法。其实，在创办人的计划中，创办这个机构无非是把那些幼小的孩子集中到一起，以此来避免他们在楼梯上爬上爬下地玩耍或是造成诸如弄脏墙面等令人烦扰的混乱。

当时，我受邀担任这个机构的负责人，在一种奇妙感觉的鼓励下开始担任了“儿童之家”的日常事务。

主显节那天，我在教堂里读到了《圣经》上的那段对我来说像是预言的话：“看到地球被黑暗所笼罩……但是，太阳将在东方升起，它的光辉将成为人们的指南。”

很多人都很惊讶为什么我们要为穷孩子建立一个这么好的教育机构。

人们不知道我当时的心情就像一个农夫，我拒绝用好的玉米种子，找到沃土就随意播种。与农夫的结果相反的是，我在土地上得到的不是粮食，而是金子，宝贝就被隐藏在泥土下面，我并不认为自己就是那个农夫。我觉得自己更像是愚蠢的阿拉丁，手里拿着一把宝库的钥匙却打不开隐藏珍宝的宝库大门。

事实上，在后来为这些孩子工作的时候，我不断地感到惊讶，不断地发现了隐藏在这些孩子身上的宝藏。

教育正常儿童发展的关键对于一般人来说，是采用在教育有心智缺陷的儿童的过程中大获成功的那些方法。我在治疗弱智儿童的心理和改变其思维方式上运用过那些方法，并取得了成功。所以，我坚信，正常儿童应用其中的一些方法也一定会发展得更快更好。当然，这并不是突如其来的成功，因为已有实际的和科学的教育理论做基础，这些理论认为人的心理有个均衡发展的和深思熟虑的过程。使我感到惊愕并产生怀疑的是，这些理论一直无济于事，没有在开始的时候取得预期的效果。

作为激起兴趣的一种手段，这些教具应用在那些智力差的儿童身上是有用的，而用于正常儿童和心智有缺陷的儿童改善心理健康并学到一些东西就并不一定能取得之前的效果。所以，我竭尽全力去劝说这些儿童运用教具，但是，这不适用于正常儿童。

当一种教具吸引儿童时，他会以一种惊人的、聚精会神的态度连续工作，对这个教具集中全部注意力，心无旁骛。完成工作以后他会显得满意、轻松，这种心情从那些安宁的小脸蛋儿和为完成任务而满意的眼神中可以看出来。

我给孩子提供的教具就像给商人提供开启钟表发条的钥匙，而且他们的心理变得比以前更健康、更有活力，只有心理激励才能推动这样的工作。

我经过长时间观察才相信这不是一种幻觉，每一次经验都是一次证实，一次次地让我坚信孩子们的潜能。我怀着极大的敬意和慈爱看着这些孩子，我手按胸口充满感情地问："你们是谁？你们难道不就是耶稣怀抱里的婴儿吗？"

我坚信不疑，我手里举着的是真理的火炬，它将照耀着我走自己的道路。

我清楚地记得“儿童之家”的第一批孩子，他们惊恐不安，胆怯得无法说话；他们表情呆滞、眼神迷茫，似乎生活之于他们而言早无乐趣可言。

现实中，他们生活贫困，没有被好好照顾；他们所住的房子光线黑暗，一片破败；他们心灵苦涩，缺乏关爱；他们营养不良，缺乏新鲜空气和阳光，他们注定是不能开花结果的嫩芽。

然而，“儿童之家”的新鲜环境让这些孩子产生了惊人的转变，他们后来表现出来的种种实在令人感到惊讶，他们拥有了全新的心灵，并用他们发自内心的光辉照亮整个世界。

促使儿童的心灵得到解放的方法就是清除他们在发展过程中的那些障碍物，不过，现实生活中没有人能说出这些障碍物的真实表现，人们也不知道什么样的环境才能促使这些孩子的心灵发芽和开花，现实中的许多环境与我们所期盼的目标南辕北辙。

这些孩子的家庭处于社会的最底层，他们的父母工作很不稳定，每天都要出去找工作，根本没有时间好好地照顾自己的子女，更何况这些父母们本身大部分都是文盲。

是不是觉得很难对这样的孩子进行教育，也很难为他们找到一个受过训练的教师呢？我们请了一位受过良好教育的年轻妇女，可惜她从一开始就没有作为教师的理想，也没有做好真正的教师所必需的准备工作。“儿童之家”是一个由建筑协会创办的非慈善性教育机构，他们不过是为了避免公寓的大楼墙壁免遭破坏、减少房屋维修费用才把孩子们聚集到一起来，既不是一项社会福利事业，也从来没想过为孩子提供免费午餐，也不会为办成一所带有教育目的的学校准备什么。为办公室添置必需的家具和辅助设备是唯一允许的开支，所以，我们刚开始没有买学校应有的桌子，只准备了自己的家具。这种情况下创办的第一所“儿童之家”就像一个归零的测量表，并不是一所真正的学校。因为资金问题，孩子和老师都没有桌子，没有一个办公室，没有基本的住宿条件。与此同时，我们拥有一些通常学校没有的、为心智有缺陷的儿童教育机构准备的特殊设备，这算是不幸中的万幸。

第一所“儿童之家”并不像我们今天看到的“儿童之家”这样明亮而令人愉快，它给人印象最深的家具是一张供老师用的牢固的桌子，还有一个用来储藏所有教具的大柜子，柜子的门很坚实，平时是上锁的，钥匙由老师保管；孩子用的桌子既结实也耐用，三个孩子并排用一张桌子，桌子一张挨一张地排列着，和一般学校的摆设一样；每个孩子除了拥有坐的长凳以外，还有一把朴素的小扶手椅；院子里的植物只有一小片草坪和树木，这些都成了我们学校后来的特征之一。在这样的环境里即使进行重要的实验也没什么诱惑力。但是，为了了解正常儿童与心智有缺陷的儿童在反应上的差异，我对进行系统的感官教育满怀信心。我对了解年龄小的、正常的和年龄较大的、心智有缺陷的儿童之间的差异特别感兴趣，我没有轻视这样的研究工作。我们的教师不受约束，也没有人强加什么特别的任务，仅仅是教儿童使用一些感官材料。

我培训了一位女老师，让她很容易也很有兴趣地做事情，我一直鼓励她发挥自己的创造精神。不久以后，我发现那位老师的工作开始有了起色，她为孩子们制作了一些像十字架之类的其他教具。她用纸做了一些漂亮的饰物奖励给表现最好的孩子，一些孩子佩戴这些饰物后兴高采烈的。她很巧妙地教孩子如何敬礼，尽管大多数孩子都是五岁以下的小女孩儿，但她们都很喜欢这些动作。这使孩子感到快乐，我看到这些也很高兴。我们在很长的一段时间里所做的事情都鲜为人知。于是，平静的、默默无闻的生活开始了。